Betül Kaya

Arbeitsmotivation und Kultur

Ausgewählte Instrumente der Arbeitsmotivation im Kontext der Kultur

Diplomica® Verlag GmbH

Kaya, Betül: Arbeitsmotivation und Kultur. Ausgewählte Instrumente der Arbeitsmotivation im Kontext der Kultur, Hamburg, Diplomica Verlag GmbH 2009

ISBN: 978-3-8366-7032-6
Druck: Diplomica® Verlag GmbH, Hamburg, 2009

Bibliografische Information der Deutschen Bibliothek
Die Deutsche Bibliothek verzeichnet diese Publikation in der Deutschen Nationalbibliografie;
detaillierte bibliografische Daten sind im Internet über
<http://dnb.ddb.de> abrufbar.

Dieses Werk ist urheberrechtlich geschützt. Die dadurch begründeten Rechte, insbesondere die der Übersetzung, des Nachdrucks, des Vortrags, der Entnahme von Abbildungen und Tabellen, der Funksendung, der Mikroverfilmung oder der Vervielfältigung auf anderen Wegen und der Speicherung in Datenverarbeitungsanlagen, bleiben, auch bei nur auszugsweiser Verwertung, vorbehalten. Eine Vervielfältigung dieses Werkes oder von Teilen dieses Werkes ist auch im Einzelfall nur in den Grenzen der gesetzlichen Bestimmungen des Urheberrechtsgesetzes der Bundesrepublik Deutschland in der jeweils geltenden Fassung zulässig. Sie ist grundsätzlich vergütungspflichtig. Zuwiderhandlungen unterliegen den Strafbestimmungen des Urheberrechtes.

Die Wiedergabe von Gebrauchsnamen, Handelsnamen, Warenbezeichnungen usw. in diesem Werk berechtigt auch ohne besondere Kennzeichnung nicht zu der Annahme, dass solche Namen im Sinne der Warenzeichen- und Markenschutz-Gesetzgebung als frei zu betrachten wären und daher von jedermann benutzt werden dürften.

Die Informationen in diesem Werk wurden mit Sorgfalt erarbeitet. Dennoch können Fehler nicht vollständig ausgeschlossen werden, und der Diplomica Verlag, die Autoren oder Übersetzer übernehmen keine juristische Verantwortung oder irgendeine Haftung für evtl. verbliebene fehlerhafte Angaben und deren Folgen.

© Diplomica Verlag GmbH
http://www.diplomica-verlag.de, Hamburg 2009
Printed in Germany

Inhaltsverzeichnis

Abbildungsverzeichnis **8**

Tabellenverzeichnis **8**

Abkürzungsverzeichnis **9**

1   Einleitung **11**

1.1   Problemstellung und Zielsetzung 11

1.2   Vorgehensweise 12

2   Motivationstheoretische Grundlagen **12**

2.1   Zum Begriff der Arbeitsmotivation 13

2.2   Die Theorien der Motivation 15

2.2.1   Inhaltstheorien 16

2.2.1.1   Maslows Bedürfnistheorie 16

2.2.1.2   Bewertung der Bedürfnistheorie 19

2.2.1.3   ERG-Theorie von Alderfer 20

2.2.1.4   Zwei- Faktoren- Theorie von Herzberg 21

2.2.1.5   Bewertung der Zwei-Faktoren-Theorie 23

2.2.1.6   Vergleich der Inhaltstheorien 24

2.2.2   Prozesstheorien 25

2.2.2.1   Vrooms VIE- Theorie 25

2.2.2.2   Bewertung der VIE-Theorie 28

2.2.2.3   Gerechtigkeitstheorie nach Adams 28

2.2.2.4   Bewertung der Gerechtigkeitstheorie 30

2.2.2.5   Zieltheorie von Locke 30

3   Motivationsinstrumente **33**

3.1   Der Leistungslohn 33

3.1.1   Formen des Leistungslohns 33

3.1.2   Motivationstheoretische Bewertung des Leistungslohns 35

3.2   Die Mitarbeiterbeteiligung 37

3.2.1   Formen der Mitarbeiterbeteiligung 38

3.2.1.1   Die Erfolgsbeteiligung 38

3.2.1.1.1   Leistungsbeteiligung 38

3.2.1.1.2   Ertragsbeteiligung 39

3.2.1.1.3   Gewinnbeteiligung 39

3.2.1.2   Kapitalbeteiligung 40

3.2.1.2.1   Fremdkapitalbeteiligung 40

3.2.1.2.2	Eigenkapitalbeteiligung	41
3.2.1.3	Stille Beteiligung	42
3.2.2	Motivationstheoretische Bewertung der Beteiligungsmodelle	43
3.3	Zielvereinbarungen	45
3.3.1	Gestaltungsmerkmale von Zielvereinbarungen	45
3.3.2	Motivationstheoretische Bewertung von Zielvereinbarungen	48
3.4	Das Cafeteria-System	49
3.4.1	Gestatungsparameter von Cafeteria-sytemen	49
3.4.2	Bewertung von Cafeteria-Systemen	51
3.5	Die Gruppenarbeit	52
3.5.1	Gruppenarbeitsformen	53
3.5.1.1	Teilautonome Arbeitsgruppen	53
3.5.1.2	Qualitätszirkel	53
3.5.1.3	Projektgruppen	54
3.5.2	Motivationstheoretische Bewertung der Gruppenarbeit	55
3.6	Der Führungsstil	56
3.6.1	Führungsstile	56
3.6.1.1	Autokratischer Führungsstil	56
3.6.1.2	Patriarchalischer Führungsstil	57
3.6.1.3	Bürokratischer Führungsstil	58
3.6.1.4	Partizipativer Führungsstil	58
3.6.1.5	Kooperativer Führungsstil	58
3.6.2	Motivationstheoretische Bewertung der Führungsstile	59
3.7	Unternehmenskultur	60
3.7.1	Das Wesen der Unternehmenskultur	60
3.7.2	Funktionen der Unternehmenskultur	62
3.7.3	Bewertung der Unternehmenskultur	63
3.8	Zusammenfassende Betrachtung der Motivationsinstrumente	65
4	**Die kulturelle Perspektive**	**67**
4.1	Grundlagen der Kultur	67
4.1.1	Zum Begriff der Kultur	67
4.1.2	Kultureinteilung nach Hofstede	69
4.1.2.1	Dimension der Machtdistanz	69
4.1.2.2	Dimension des Kollektivismus	71
4.1.2.3	Dimension der Maskulinität	72
4.1.2.4	Dimension der Unsicherheitsvermeidung	74
4.1.2.5	Kritische Bewertung der Kulturdimensionen	75
4.1.3	Kultureinteilung nach Trompenaars	76
4.1.4	Vergleich der Kultureinteilungen	79
4.2	Kulturgebundenheit der Instrumente	80

4.2.1	Machtdistanz	80
4.2.2	Individualismus	85
4.2.3	Maskulinität	91
4.2.4	Unsicherheitsvermeidung	94
5	**Schlussbetrachtung**	**97**
5.1	Fazit	97
5.2	Ausblick	100
6	**Literaturverzeichnis**	**101**

Abbildungsverzeichnis

Abbildung 1: Inhalts- und Prozesstheorien 16
Abbildung 2: Maslows Bedürfnspyramide 17
Abbildung 3: Frustratoren und Motivatoren 22
Abbildung 4: Vergleich der Inhaltstheorien 25
Abbildung 5: VIE- Theorie 26
Abbildung 6: Formen des Leistungslohns 33
Abbildung 7: Mitarbeiterbeteiligungsformen 37
Abbildung 8: Basisgrößen der Erfolgsbeteiligung 38
Abbildung 9: Kapitalbeteiligungsformen 40
Abbildung 10: Gestaltungsmerkmale von Zielvereinbarungen 46
Abbildung 11: Cafeteria-Optionen 49
Abbildung 12: Wahlalternativen in Cafeteria-Systemen 50
Abbildung 13: Formen der Gruppenarbeit 53
Abbildung 14: Ebenen der Kultur nach Schein 61
Abbildung 15: Funktionen der Unternehmenskultur 62
Abbildung 16: Kulturzwiebel 67
Abbildung 17: Kulturdimensionen nach Hofstede 69
Abbildung 18: Kultureinteilung nach Trompenaars 77

Tabellenverzeichnis

Tabelle 1: Machtdistanzindex 70
Tabelle 2: Individualismusindex 72
Tabelle 3: Maskulinitätsindex 73
Tabelle 4: Unsicherheitsvermeidungsindex 74

Abkürzungsverzeichnis

AktG	Aktiengesetz
BGB	Bürgerliches Gesetzbuch
BWL	Betriebswirtschaftslehre
ERG	Existence-Relatedness-Growth
GmbH	Gesellschaft mit beschränkter Haftung
HGB	Handelsgesetzbuch
HRM	Human Resource Management
HWFü	Handwörterbuch der Führung
IDV	Individualismusindex
KG	Kommanditgesellschaft
KMU	Kleinere und mittlere Unternehmen
MBO	Management by Objektives
MAS	Maskulinitätsindex
MDI	Machtdistanzindex
QZ	Qualitätszirkel
RKW	Rationalisierungs- und Innovationszentrale der deutschen Wirtschaft
USA	United States of America
UVI	Unsicherheitsvermeidungsindex
VIE	Valenz-Instrumentalität-Erwartung
ZfO	Zeitschrift für Organisation

1 Einleitung

1.1 Problemstellung und Zielsetzung

Nach einer Phase der Technikeuphorie besinnt man sich wieder verstärkter darauf, dass der langfristige Unternehmenserfolg in bedeutendem Maß vom motivierten und leistungswilligen Menschen abhängt. Die deutsche Wirtschaft gibt jedes Jahr Milliarden für die Motivation in Form von Weiterbildungsmöglichkeiten, Aktienoptionen oder etwa Sozialleistungen aus. Unmengen an jüngster Fachliteratur gehen der Frage nach, wie Mitarbeiter für das Unternehmen gewonnen, ja, wie sie motiviert werden können. Die Schwierigkeit ergibt sich hierbei aus dem Bestreben, die passendste(n) Form(en) der Motivation für das Unternehmen oder eine Personengruppe unter Beachtung der Kosten-Nutzen-Relation ausfindig zu machen. Dies ist wiederum abhängig von den individuellen Bedürfnissen und Präferenzen, aber auch Einstellungen und Erwartungen der Mitarbeiter. Notwendig ist daher, das Bewusstsein für motivationsbezogene Gestaltungsprozesse zu schärfen. Vor diesem Kontext ist mitunter ein Ziel der Arbeit, die Motivationswirkung unterschiedlicher Motivationsinstrumente auf theoretischer Basis herauszuarbeiten.

Sind die motivationalen Differenzen auf individueller Ebene bereits derart erheblich, so ist die Komplexität der interkulturellen Vergleichbarkeit offensichtlich:
Die eigentliche Bedeutung der Problematik `Kulturabhängigkeit von Motivationsinstrumenten´ ergibt sich insbesondere in Zusammenhang mit der internationalen Unternehmenstätigkeit. Bedingt durch die Intensivierung und geografische Ausweitung internationaler Geschäftstätigkeiten werden sich Manager neben den herkömmlichen Problemen der Unternehmensführung vielmehr mit kulturellen Unterschieden im Management auseinander setzen müssen. Die im Stammhaus bewährten Instrumente der Arbeitsmotivation können sozialisations- und kulturbedingt in anderen Ländern beschränkt motivierend oder gar demotivierend wirken.
Vor diesem Hintergrund wird der Versuch unternommen, die behandelten Motivationsinstrumente auf ihre mögliche kulturelle Gebundenheit hin zu untersuchen. Die Studie zielt darauf ab, durch die Analyse von Kultureinteilungen die motivationsbezogenen Auswirkungen, die gerade von diesen kulturellen Ausprägungen auf unterschiedliche Motivationsinstrumente ausgehen, zu erfassen.

1.2 Vorgehensweise

Die Studie wird sich also der Analyse der unterschiedlichen Motivationsinstrumente und insbesondere ihrer Kulturgebundenheit widmen. Zunächst werden dafür im **Kapitel zwei** die Begrifflichkeiten der Anreize, Motive und der Motivation geklärt. Für die theoretische Fundierung werden bedeutende Motivationstheorien, die zum einen die Inhalts- und zum anderen die Prozessperspektive umfassen, dargestellt. Die unterschiedlichen Motivationsmodelle werden unter Beachtung der ihnen zu Grunde liegenden Prämissen, Untersuchungsmethoden und Analyseschwerpunkten erfasst und kritisch bewertet.

Die Motivationstheorien stellen auch den Ansatzpunkt für die weitere Vorgehensweise im **dritten Kapitel** dar: Die in diesen Theorien postulierten verhaltensbestimmenden und motivierenden Faktoren werden hier auf ihre (theoretische) Wirkungsweise hin bei diversen Motivationsinstrumenten analysiert. Hierfür werden zunächst neben Vergütungsinstrumenten, wie die Erfolg- und Kapitalbeteiligung, der Leistungslohn und das Cafeteria-System immaterielle Instrumente, wie Zielvereinbarungen, unterschiedliche Führungsstile, Gruppenarbeitsformen und die Unternehmenskultur ausführlich in ihren Gestaltungskomponenten dargestellt.

Das **vierte Kapitel** widmet sich dem zweiten und eigentlichem Schwerpunkt der Arbeit – der Analyse der Kulturgebundenheit der Motivationsinstrumente. Für die Präzisierung des themenimmanenten Problemgehalts erfolgt zunächst eine Spezifikation des Kulturbegriffs. Als in der komparativen Managementforschung wesentliche Arbeiten werden die Kulturdimensionen von Hofstede und Trompenaars analysiert und verglichen. Auf Grund der für die Managementpraxis relevanteren Aussagen wird der weiteren Vorgehensweise Hofstedes Kulturdimensionen zu Grunde gelegt. Anschließend werden systematisch die unterschiedlichen Wirkungsweisen der Instrumente im Kontext der Kulturdimensionen Machtdistanz Individualismus, Maskulinität und Unsicherheitsvermeidung erfasst und diskutiert. Aus der anschließenden Zusammenfassung der Ergebnisse in der Schlussbetrachtung werden dann Aussagen über den Aspekt der Kulturgebundenheit getroffen. Abschließend erfolgt ein kurzer Ausblick.

2 Motivationstheoretische Grundlagen

2.1 Zum Begriff der Arbeitsmotivation

Der Begriff der **Motivation** wurde – je nachdem, welchem Bezugsfeld es dienen sollte – unterschiedlich definiert. Ursprünglich leitet sich die Motivation von dem lateinischen `movere´ ab, was so viel heißt wie `bewegen´, `in Bewegung setzen´. Motivation geht der Frage nach dem `Warum´ des menschlichen Verhaltens nach. Atkinson legt nahe, dass sich die Motivation im Wesentlichen *„mit den aktuellen Einflüssen auf die Richtung, Stärke und Persistenz einer Handlung"*[1] beschäftige. Die Motivation bestimmt also im Wesentlichen die Richtung, Dauer und Intensität des Verhaltens. Die Arbeitsmotivation ist die Motivation, die auf den Bereich der organisierten menschlichen Arbeit bezogen ist. Die Bedeutung der Arbeitsmotivation resultiert aus betriebswirtschaftlicher Sicht unmittelbar aus der erwünschten Leistungsverbesserung. Bei allen Maßnahmen der Motivation steht im Rahmen dieser Arbeit das Ziel im Vordergrund, die Leistungsbereitschaft der Arbeitnehmer zu erhöhen

Im Weiteren sollen das Zustandekommen der Motivation und ihre Bestimmungsfaktoren betrachtet werden: Das Motiv ist die zentrale Variable des Motivationsprozesses. Als Motiv wird eine *„isolierte Verhaltensbereitschaft, die latent vorhanden und zunächst noch nicht aktualisiert ist"*[2] verstanden. Da den Motiven Bedürfnisse zugrunde liegen, sind diese nur dann verhaltenswirksam, wenn sie ein Bedürfnis ansprechen. Primäre biologische Bedürfnisse sind unter zivilisierten Bedingungen in der Regel befriedigt. Die sekundären humanspezifischen Bedürfnisse sind erlernt und variieren je nach Person, Alter, Situation und Umwelt und auch nach Sozialisationsprozess und Kultur. Den sekundären Bedürfnissen unterliegen stets Erwartungen, Bewertungen und Einstellungen.[3] Das Insgesamt der Verhaltensbereitschaften, also die individuellen Motive und Einstellungen einer Person zu einem bestimmten Zeitpunkt, wird als Motivstruktur bezeichnet.[4] Die spezifischen situativen Gegebenheiten, die von der Person wahrgenommen werden und die Aktivierung der Verhaltensbereitschaft zur Folge

---

[1] Atkinson 1975, S.32
[2] Hentze/Brose 1990, S.41
[3] Vgl. Deibl 1991, S.47, 49
[4] Vgl. Rosenstiel 1975, S.38

haben, können als Anreize bezeichnet werden. Anreize wirken allerdings nur dann verhaltenswirksam, wenn sie von der Person auch wahrgenommen und kognitiv verarbeitet werden.[5] Weiterhin hängt die Wirksamkeit von Anreizen vom subjektiven Empfinden des Anreizempfängers ab, inwiefern sich diese als Mittel und persönliche Bedürfnisbefriedigung eignen mögen.[6] Für die Aktivierung der Handlungsbereitschaft bedarf es also der subjektiven Erwartung, dass die Handlung zielführend sein werde. Diese Grundüberlegung erklärt, warum verschiedene Menschen in gleichen Situationen unterschiedlich handeln.

Weiterhin kann die Motivation in zwei Formen, die intrinsische und die extrinsische Motivation, unterteilt werden. Bei der extrinsischen Motivation liegt die Befriedigung nicht im Handeln, sondern in dem Ergebnis bzw., den Begleitumständen der Handlung. Das heisst, der Weg dorthin wird als lästig oder etwa schmerzhaft empfunden. Die Belohnung wird von anderen Personen vermittelt und kann materieller (z.B. Gehaltserhöhungen) oder immaterieller (z.B. Anerkennung von anderen) Art sein.[7] Führt dagegen bereits der Weg zum Ziel, zur Freude – mehr noch als das Erreichen des Ziels selbst – spricht man von der intrinsischen Motivation.[8] Dies kann bspw. die Bewältigung einer schwierigen Aufgabe sein, die das Selbstwertgefühl stärkt und seiner selbst willen durchgeführt wird.

Die Motivation ist nicht der einzige Beeinflussungsfaktor der Arbeitsleistung. Das menschliche Verhalten bestimmt sich vielmehr aus einem Zusammenspiel von individuellem Können, die von der Fähigkeit und dem Wissen der Person bestimmt wird, dem persönlichen Wollen, dem sozialen Dürfen und der situativen Ermöglichung. Das persönliche Wollen, das durch Werte, Wünsche und Bedürfnisse geprägt sein kann, macht die eigentliche menschliche Motivation aus.[9] Man kann noch so stark zur Leistung motiviert sein, wenn die dazu notwendige Fähigkeit oder Eignung fehlt, nützt der beste Wille nicht.[10] Mangelnde Leistung ist also nicht immer Resultat einer zu geringen Motivation.

---

[5] Vgl Fakesch 1991, S.18.
[6] Vgl. Schanz, 1991, S.16 und Fakesch 1991, S.18
[7] Vgl. Deibl 1991, S.35 und Rosenstiel 2003, S.42
[8] Vgl. Rosenstiel 2003, S.42
[9] Comelli 1995, S. 2.
[10] Lawler 1977, S.21

2.2 Die Theorien der Motivation

Die Motivationstheorien liefern keine allgemeine Problemlösungen, doch sie definieren, welche Faktoren für eine Motivation verantwortlich sein könnten oder welche Determinanten von Motivationsprozessen beachtet werden müssten. Die unterschiedlichen motivationstheoretischen Ansätze, die im Rahmen des Personalmanagement von Relevanz sind, können nach unterschiedlichen Kriterien kategorisiert werden. Eine gängige und bewährte Klassifikation stellt die Unterscheidung in Inhaltstheorien, *content theories,* und Prozesstheorien, *process theories,* auf Vorschlag von Campell et al. (1970) dar.[11]

Inhaltstheorien, die sog. `contents´, befassen sich mit dem Motivinhalt. Sie gehen der Frage nach, durch was und welche spezifischen Faktoren die Individuen zur Arbeitsleistung motiviert werden und analysieren dafür die Bedürfnisse und die spezifischen Merkmale, die Arbeitsverhalten verursachen.[12] Sie haben eine hohe praktische Bedeutung, da sie Hinweise auf die richtigen Anreize versprechen. Insgesamt kann zu den Inhaltstheorien festgehalten werden, dass sie Erklärungsansätze dafür bieten, welches Motiv ein bestimmtes Verhalten verursacht, während sie allerdings nicht erklären, wie ein Verhalten bewirkt wird. Notwendigerweise bedarf es daher der Erweiterung der Inhaltstheorien um die Prozesstheorien.[13]

Prozesstheorien werden auch bezeichnet als Instrumentalitäts-/ Erwartungstheorien. Die Prozesstheorien beruhen auf der Annahme der Existenz eines rational und zielorientiert handelnden Menschen, der seine Entscheidungen bewusst in Anbetracht von Anstrengungs- Ergebnis- Verknüpfungen trifft.[14] Prozesstheorien „*try to explain and describe the process of how behavior is energized, how it is directed, how it is sustained, and it is stopped.*"[15] Sie befassen sich mit der Frage, wie Verhalten bewirkt wird, in welcher Weise also die Motivation erfolgt, in dem sie die Hauptvariablen definieren, die für die Erklärung motivierten Verhaltens von Bedeutung sind.

---

[11] Vgl Campbell et al. 1970, S. 341
[12] Vgl. Campbell et al. 1970, S. 341 und Weinert 1987, S. 263
[13] Vgl. Staehle 1999, S. 230f.
[14] Vgl. Staehle 1999, S. 231
[15] Campbell et al. 1970, S. 341

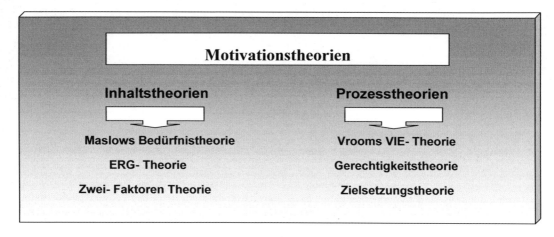

Abbildung 1: Inhalts- und Prozesstheorien

Bei den Inhaltstheorien ist an erster Stelle die Bedürfnispyramide von Maslow zu nennen, dann die ERG- Theorie von Alderfer und die zwei – Faktoren Theorie von Herzberg. Die Prozesstheorien umfassen u.a. die Gerechtigkeitstheorie von Adams, die Valenz–Instrumentalitäts-Erwartungstheorie-Theorie von Vroom und die Zielsetzungstheorie von Locke / Latham.

2.2.1 Inhaltstheorien

2.2.1.1   Maslows Bedürfnistheorie

Abraham H. Maslows (1977) motivationstheoretischer Ansatz basierte auf seinen klinischen Erfahrungen als Psychologe und war von ihm ursprünglich nicht als ein Beitrag zur Theorie der Arbeitsmotivation gedacht. Insbesondere nach der Übertragung der Theorie auf die Arbeitswelt durch McGregor hat Maslow erst einen beträchtlichen Einfluss auf die Literatur der Arbeitsmotivation bzw. -humanisierung ausgeübt.[16] Der Theorie Maslows liegt die Annahme zu Grunde, dass der Mensch durch sein Streben nach Befriedigung spezifischer Bedürfnisse motiviert werde. Menschliche Bedürfnisse sind bestimmt von der Eigenschaft, dass sie Mittel zum Zweck sind, und nicht etwa ein Selbstzweck. Geld will man nicht nur seiner selbst willen, sondern um sich bspw. ein Auto leisten zu können etc.[17]

Maslow geht von fünf Motivgruppen aus, die potenziell bei jedem Menschen vorhanden sind. Diese sind, die physiologischen Bedürfnisse, die Sicherheitsbedürfnisse, das

---

[16] Vgl. Berthel 1995, S.21
[17] Vgl. Maslow 1977, S.58

Bedürfnis nach Zugehörigkeit und Liebe, das Bedürfnis nach Achtung und letztlich nach Selbstverwirklichung, die im Folgenden näher dargestellt werden.

1. Die physiologischen Bedürfnisse sind die mächtigsten von allen. Maslow nennt hierzu Hunger, Durst, Sexualität und Schlaf.[18] Übertragen auf die Arbeitswelt könnte man hierzu bspw. das Vorhandensein einer Kantine, gut temperierte Räumlichkeiten oder ein Einkommen, mit denen die existenziellen Grundbedürfnisse gesichert sind, zählen.[19] Sind alle Bedürfnisse unbefriedigt, so werden am ehesten die physiologischen vor allen anderen die Hauptmotivation darstellen; alle anderen Bedürfnisse würden zunächst in den Hintergrund treten. Mit dieser Bedürfnishierarchie geht auch die Aussage einer, dass die physiologischen Bedürfnisse stärker sind als die Sicherheitsbedürfnisse, und die ihrerseits stärker als die Liebes- oder Achtungsbedürfnisse.[20] Dargestellt wird die Bedürfnishierarchie mit der folgenden Pyramide:

Abbildung 2: Maslows Bedürfnspyramide   (Quelle: Maslow 1977, S. 74)

2. Die Sicherheitsbedürfnisse definiert Maslow mit den Begriffen: *„Sicherheit, Stabilität, Geborgenheit, Schutz, Angstfreiheit Bedürfnis nach Struktur, Ordnung [und] Gesetz."*[21] Auf die Bedürfnisse einer Arbeitskraft konkretisiert wären darunter der Unfall-

---

[18] Vgl. Maslow 1977, S.75, 76
[19] Vgl. Comelli/Rosenstiel 1995, S.12 und Holtbrügge 2004, S.13
[20] Vgl. Maslow 1977, S. 153, 154
[21] Maslow 1977, S.76

schutz zu verstehen, ein sicherer Arbeitsplatz, langfristige Arbeitsverträge und die „*finanzielle Sicherung bei Krankheit, Unfall und im Alter.*" [22]

3. Sobald die physiologischen und die Sicherheitsbedürfnisse zufrieden gestellt sind, tritt ein neues Bedürfnisensemble in Erscheinung, nämlich das Bedürfnis nach Zugehörigkeit und Liebe bzw. die `sozialen´ Bedürfnisse. Maslow zählt hierzu die Intimität, das Dazugehörigkeitsgefühl und den Wunsch nach Geborgenheit.[23] Bezogen auf die Arbeitswelt bedeute dies "*formelle und informelle Kommunikation und Interaktion mit anderen Mitarbeitern (...).*"[24] von Rosenstiel führt unter dieser Kategorie weiterhin die Elemente der Teamarbeit, Betriebsausflüge, Fort- und Weiterbildung, Teeküchen und ein angenehmes Betriebsklima auf.[25]

4. Mit dem Bedürfnis nach Achtung gemeint ist das Bedürfnis nach Selbstachtung und Wertschätzung seitens anderer, wie z.B. der Führungskräfte und Mitarbeiter, denn dies – so Maslow - stärke das Selbstvertrauen und gebe das Gefühl, wichtig für die Welt zu sein.[26] Bei einem Mitarbeiter kann das beispielsweise die Teilnahme an Tagungen oder Kongressen sein oder etwa die Zuerteilung besonderer Privilegien und Statussymbolen, die von einem Firmenwagen bis hin zum Besitzrecht an einem besonderen Toilettenschlüssel reichen.[27]

5. Das Bedürfnis nach Selbstverwirklichung kann als Verlangen interpretiert werden, „*immer mehr zu dem zu werden, was man idiosynkratisch ist; alles zu werden, was zu werden man fähig ist.*"[28] Es stellt also ein Wachstumsbedürfnis dar, dass nie vollständig befriedigt werden kann. Hiermit korrespondieren die Selbstständigkeit eines Mitarbeiters und sein Freiraum. Dies kann bewerkstelligt werden, in dem man die Mitarbeiter in ihrer Entwicklung im Unternehmen mit Laufbahnberatungen oder Weiterbildungsmaßnahmen unterstützt.[29] Das Selbstverwirklichungsbedürfnis wird in der Regel dann akut, wenn die vorhergehenden erfüllt wurden. Daher sind auf dieser Ebene die individuellen Unterschiede am größten.

---

[22] Comelli/Rosenstiel 1995, S. 12f
[23] Vgl. Maslow 1977, S.85f
[24] Holtbrüge 2004, S.13
[25] Comelli/Rosenstiel 1995, S.12
[26] Vgl. Maslow 1977, S. 87
[27] Vgl. Rosenstiel 2003, S.136
[28] Maslow 1977, S.89
[29] Rosenstiel 2003, S. 139

Sobald nun ein Bedürfnis befriedigt ist, wird ein anderes, höher gestelltes relevant; wird auch dieses befriedigt, stellt sich wieder ein anderes ein. Etwas wird also begehrt, wenn andere `existenziellere´ Bedürfnisse bereits befriedigt worden sind. Mit einem dauerhaft leerem Magen würde man – so die Argumentation Maslows – *„nie das Verlangen haben, Musik zu komponieren oder mathematische Systeme aufzustellen (...).“*[30] Für die Arbeitsmotivation erwächst hieraus die Notwendigkeit, die spezifischen, aktiven und verhaltensbestimmenden Bedürfnisse zu ermitteln, um anschließend durch den gezielten Einsatz von Anreizen eben diese Bedürfnisse zu befriedigen.[31] Vor Augen zu führen ist dabei, dass diese Ermittlung durchaus mit Implikationen verbunden sein kann. Umgekehrt haben - der Theorie zufolge – Anreize, die auf ein derzeit nicht akut relevantes Bedürfnis abzielen, keine starke Verhaltenswirkung. Beispielsweise besitzen für die Mitarbeiter die sozialen Beziehungen eine nicht so große Bedeutung, wenn etwa der Arbeitsplatz gefährdet, und das Sicherheitsbedürfnis nicht voll befriedigt ist.[32] Weiterhin ließe sich für das Personalmanagement hieraus ableiten, dass niedere Bedürfnisse in erster Linie mit monetären Anreizen, während höhere Bedürfnisse darüber hinaus auch ohne materielle Anreize befriedigt werden können.[33]

2.2.1.2 Bewertung der Bedürfnistheorie

Zum Maslowschen Modell wird kritisch angemerkt, dass die Thesen auf klinischen Erfahrungen mit Patienten beruhen und es an einer empirischen Bestätigung der Bedürfnishierarchie mangelt.[34] Daher sind die Aussagen nicht direkt auf Unternehmen übertragbar. Ferner ist anzuführen, dass sich die Befunde auf die U.S.-amerikanische Mittelschicht beziehen, d.h., dass der Einfluss kultur- und schichtspezifischer Sozialisationsprozesse nicht berücksichtigt wurde.[35] Auch Maslows Aussagen über den nach Selbstverwirklichung strebenden Menschen sind sehr kultur- und schichtspezifisch. Die Bedürfnisklassen können also in anderen Gesellschaften eine unterschiedliche Wertigkeit aufweisen, wobei angeführt werden muss, dass darauf auch bereits Maslow

---

[30] Maslow 1977, S. 62
[31] Vgl. Holtbrügge 2004, S. 14
[32] Vgl Holtbrügge 2004, S. 12
[33] Vgl. Wunderer/Grunwald 1980, S. 185
[34] Vgl. Wunderer/Grunwald, S. 180ff
[35] Vgl. Scholz 2000, S. 881 und Wunderer/Grunwald 1980, S. 178

hingewiesen hat.[36] Bedürfnisse hängen auch weiterhin ab von situativen Bedingungen, wie bspw. „*Familienstand, Alter, Karrierephase, Geschlecht, Qualifikation oder Arbeitsmarktlage*"[37] Ferner ist auch die Rangfolge der Bedürfniskategorien als Problem zu sehen, denn fraglich ist, ob diese nicht auch nebeneinander bestehen und verhaltensbestimmend wirken können.[38] In diesem Zusammenhang ist auf die definitorischen Probleme hinzuweisen, wie sie sich z. B. aus der Frage, inwiefern die sozialen Bedürfnisse vom Wertschätzungsbedürfnis abgegrenzt werden können, ergeben.[39]

2.2.1.3 ERG-Theorie von Alderfer

In Anlehnung an Maslow entwickelt Clayton P. Alderfer (1969), speziell die Anwendung auf Mitarbeiter in Organisationen berücksichtigend, die sog. ERG-Theorie als motivationstheoretischen Erklärungsansatz. Alderfer unterscheidet dabei zwischen drei Bedürfnisklassen, der **Existence, Relatedness** und **Growth (ERG),** von denen angenommen wird, dass sie in jedem Menschen aktiv vorhanden sind.[40]

Die *Existence needs*, also die Existenzbedürfnisse, umfassen alle Formen der materiellen und physiologischen Bedürfnisse, wie bspw. Bezahlung und Arbeitsbedingungen. Dagegen umfassen die *Relatedness needs*, die Beziehungsbedürfnisse, insbesondere die Beziehungen zu Familienangehörigen, Mitarbeiter, Untergestellten, Vorgesetzten und Freunde sowie den Wunsch nach Achtung, Akzeptanz und Wertschätzung – ähnlich den Maslowschen sozialen Bedürfnissen.[41] Die *Growth needs*, also die Wachstumsbedürfnisse, beschreiben das Bestreben eines Individuums nach Selbsterfüllung und Produktivität, daher hängt die Befriedigung von Wachstumsbedürfnissen ab „*on a persons finding the opportunities to be what he is most fully and to become what he can*"[42]

Aus der Frustrations- Hypothese, der Frustrations- Regressions- Hypothese und der Befriedigungs– Progressions- Hypothese trifft Alderfer Voraussagen bezüglich der Bedürfnisbefriedigung. Gemäß der Frustrations- Hypothese wird die Motivation gerade

---

[36] Vgl. Maslow 1977, S. 59, 100 und zugl. Neuberger 1974, S.107
[37] Holtbrügge 2004, S.14
[38] Vgl. Wunderer/Grunwald 1980, S. 179
[39] Vgl. Holtbrügge 2004, S. 14
[40] Vgl. Alderfer 1972, S. 12
[41] Vgl Alderfer 1972, S. 9, 10
[42] Alderfer 1972, S. 12

durch die Vereitelung eines Bestrebens, also dem Frustrationserlebnis, erhöht. Je weniger E- oder R- Bedürfnisse befriedigt sind, um so mehr sind sie erwünscht.[43] Gemäß der Frustrations- Regressions– Hypothese wirkt ein Frustrationserlebnis – die unvollkommene Befriedigung einer Ebene – regressiv, sodass die frühere Bedürfnisstufe wieder aktiv wird. Die Aussagen *„Je mehr die E- Bedürfnisse befriedigt sind, umso stärker werden die R- Bedürfnisse"* und *„Je weniger die R- Bedürfnisse befriedigt sind, umso größer werden die G- Bedürfnisse"*[44] folgen dem Konzept der Befriedigungs- Progressions Hypothese, ähnlich dem Maslowschen Ansatz, nur dass die Befriedigung der Existenz-Bedürfnisse nicht die Voraussetzung für das Wirksamwerden der höheren Bedürfnisse ist.

Ein wesentlicher Unterschied zu Maslow besteht darin, dass die Motivklassen nicht zwangsläufig eine hierarchische Struktur aufweisen müssen, sondern auch in einem Kontinuum angeordnet sein können. Weiterhin müssen die niederen Bedürfnisse nicht grundsätzlich befriedigt sein, damit höhere Bedürfnisklassen verhaltensbestimmend wirken können.

2.2.1.4 Zwei- Faktoren- Theorie von Herzberg

Die Zwei- Faktoren- Hypothese Herzbergs (1959) basiert auf der Pittsburgh- Studie. Hierbei wurden in Form eines halbstrukturierten Interviews ca. 200 Buchhalter und Ingenieure über angenehme oder unangenehme Arbeitssituationen befragt. Es wurde festgestellt, dass die Befragten nur in seltenen Fällen dieselben Ursachen im Zusammenhang mit guten und schlechten Arbeiterlebnissen nannten.[45] Darauf aufbauend leitete Herzberg ab, dass es zwei Arten von Faktoren gebe, die Hygienefaktoren, die `dissatifiers´, und die Motivatoren, bzw. die `satissfiers´. Die Faktoren, mit denen gemäß der Befragung Arbeitszufriedenheit erreicht werden konnte, bezeichnet Herzberg als Motivatoren oder Zufriedenmacher. Zu dieser Kategorie gehören die Faktoren Leistung, Anerkennung, Arbeitinhalt, Verantwortung, Beförderung und Wachstum. Die konkreten Ergebnisse werden mit der folgenden Abbildung veranschaulicht:

---

[43] Vgl. Alderfer 1972, S.15/16 und Wunderer/Grunwald 1980, S. 186
[44] Alderfer 1972, S.17
[45] Vgl. Herzberg 1959, S. 32, 20

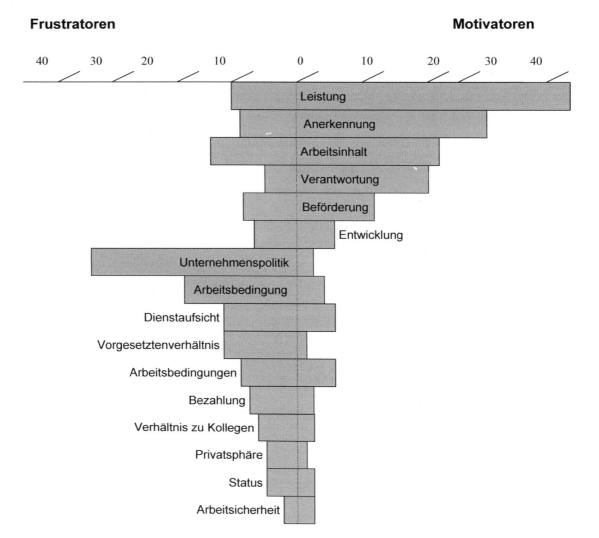

Abbildung 3: Frustratoren und Motivatoren (Quelle: Herzberg 2003, S. 58)

Mit dem Begriff Hygienefaktoren oder Unzufriedenmacher bezeichnet Herzberg all die Faktoren, die Arbeitsunzufriedenheit verhindern. Hierunter zählt er *„supervision, interpersonal relations, physical working condition, salary, company policies and administrative practices, benefits and job security"*[46] D.h., dass vonseiten der Mitarbeiter Arbeitsunzufriedenheit herrscht, soweit eines dieser Faktoren unter einem akzeptablen Level fällt.[47] Hygienefaktoren können demzufolge nie zur Arbeitszufriedenheit führen, sondern bestenfalls zu einem Zustand der Nicht- Arbeitszufriedenheit, wohinge-

---

[46] Herzberg 1959, S.113
[47] Vgl. Herzberg 1959, S. 113

gen die Arbeitszufriedenheit erst durch die Motivatoren bedingt wird.[48] Wesentlich ist, dass bei Behebung des Mangels, der zur Unzufriedenheit des Mitarbeiters geführt hat, nicht automatisch die Zufriedenheit eintritt. Es ist also festzuhalten, dass Arbeitszufriedenheit und Arbeitsunzufriedenheit zwei unabhängige Dimensionen sind, die jeweils einzeln gesteuert und beeinflusst werden können.

Für die Praxis folgt, dass bspw. die Kommunikation oder etwa die zwischenmenschlichen Beziehungen für die Erreichung von Arbeitszufriedenheit aus Sicht der Arbeiter gar nicht relevant sind. Hier angesetzte Anreize können zwar Unzufriedenheit vermeiden, aber kaum als Motivator wirken.

Herzberg schlägt für eine Motivationserhöhung insbesondere vor, die Arbeit anzureichern. Unter dem Begriff des `job loading´ beschreibt Herzberg in einer späteren Forschungsarbeit eine Methode, der all seine von ihm als Motivatoren klassifizierten Faktoren umfasst.[49] In diesem Rahmen unterbreitet er den Vorschlag, viele Kontrollen abzuschaffen und Verantwortungsbereiche und Befugnisse der Mitarbeiter auszudehnen, um größeren Handlungsspielraum zu gewähren. Ferner verweist er auf die Notwendigkeit, vollständige und zusammenhängende Aufgabeneinheiten zu erteilen und die Weiterentwicklung durch Zuteilung besonderer und spezialisierter Aufgaben zu ermöglichen.[50]

2.2.1.5 Bewertung der Zwei-Faktoren-Theorie

Herzberg wird bezüglich des Aussagegehalts der Untersuchung kritisiert, denn aus der Pittsburgh– Studie resultiere nicht unbedingt die Zwei– Faktoren– Theorie. Das Fehlen bestimmter Gegebenheiten, die stillschweigend als Voraussetzung gesehen werden, führen zur Unzufriedenheit seitens der Arbeitnehmer. Ist diese vorausgesetzte Arbeitsbedingung jedoch gegeben, wird dies nicht helle Begeisterung und Motivation auslösen, sondern einfach hingenommen.[51] Zur empirischen Überprüfung des Modells wurden zahlreiche Versuche unternommen, aus denen hervorging, dass eine generelle Zuordnung von Faktoren zu Motivatoren oder Frustratoren sich nicht halten lässt.[52] Das

---

[48] Vgl. Berthel 1995, S.26
[49] Vgl. Herzberg 2003, S.58
[50] ebenda
[51] Vgl. Deibl 1991, S. 30, 31
[52] Vgl Zink 1975, S.85f und 90f, evtl Scholz, S.884

Modell ist also nicht ausreichend empirisch begründet. Ein Faktor, der für eine Person als Motivator wirkt, kann also gleichzeitig von einem anderen als Frustrator wahrgenommen werden, auch weil die Wirkung von „situativen Variablen wie Beruf, Hierarchieniveau, Alter, Geschlecht, Erziehung, Kultur (...).[53]" abhängen kann. Weiterhin wird auf der anderen Seite bemängelt, dass die Methode der kritischen Ereignisse (critical incident- Methode) auf Grund der gegenseitigen Ausschließlichkeit per se im starken Ausmaße die Unterteilung in zwei Anreizarten bestimme.[54] Die Verwendung anderer Methoden führe nachweislich zu anderen Ergebnissen.[55] Zudem wird die Wirksamkeit der Hygienefaktoren zu sehr negativierend bewertet. Es wird kritisch angemerkt, dass Aussagen der bejahenden Mitarbeiter nicht verlässlich genug seien, da diese von der Erwünschtheit der Antworten geprägt sein könnten.[56] Außerdem müsse überprüft werden, ob man sich nachträglich eher an positive oder an schlechte Arbeitssituationen erinnert.

2.2.1.6 Vergleich der Inhaltstheorien

Abschließend kann zwischen den Inhaltstheorien ein konzeptioneller Vergleich hergestellt werden. Wie in der folgenden Abbildung verdeutlicht, umfassen die Wachstumsbedürfnisse der ERG-Theorie die Maslowschen Bedürfnisse nach Wertschätzung und Selbstverwirklichung. Während die Beziehungsbedürfnisse inhaltlich den sozialen Bedürfnissen entsprechen, umfassen die Existenzbedürfnisse die untersten Ebenen von Maslows Bedürfnispyramide, nämlich die Sicherheits- und die physiologischen Bedürfnisse. Betrachtet man sich die Zwei – Faktoren Theorie so ist zu erkennen, dass die unter dem Begriff Wachstum zusammengefassten Bedürfnisse inhaltlich den Motivatoren entsprechen, und die Existenz- und Beziehungsbedürfnisse den Hygienefaktoren.

---

[53] Scholz 2000, S.886
[54] Vgl. Zink 1975, S.76 und Holtbrügge, S. 16
[55] Vgl. Neuberger 1974, S.126,127
[56] Vgl. Wunderer/Grunwald 1980, S.195

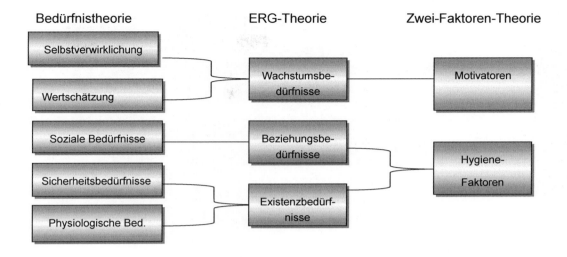

Abbildung 4: Vergleich der Inhaltstheorien (Quelle: Hellriegel et al. 1986, S.187)

2.2.2 Prozesstheorien

2.2.2.1 Vrooms VIE- Theorie

Die Valenz- Instrumentalität- Erwartung- Theorie (VIE) basiert auf dem Weg- Ziel- Ansatz, d.h., auf der Annahme, dass Menschen dann eine Anstrengung auf sich nehmen und etwas leisten, wenn damit auch das erwünschte Ziel erreicht wird.[57] Die zentrale Aussage ist, dass sich die Arbeitsmotivation als Produkt aus Valenz, Instrumentalität und Erwartung ergibt. Die Leistungsmotivation hängt – im Gegensatz zu den inhaltstheoretischen Annahmen – nicht nur von den Bedürfnissen, Anlagen oder der Sozialisation sondern vielmehr von den wahrgenommenen relativen Nutzen der Leistung für die Zielerreichung ab.[58]

---

[57] Vgl. Holtbrügge 2004, S.18
[58] Vgl. Staehle 1999, S. 232

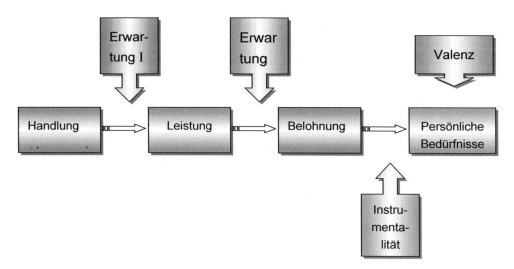

Abbildung 5: VIE- Theorie   (Quelle: Holtbrügge 2004, S. 19)

Die **Valenz** definiert Vroom hierbei als die affektive Ausrichtung gegenüber bestimmten Handlungsergebnissen.[59] Sie kann also als subjektive Wertigkeit für eben die betroffene Person verstanden werden, die mit der Zielerreichung gerade verbunden ist. Hierbei hat die Valenz eine positive Wertigkeit, wenn die Person das Erlangen des Ergebnisses gegenüber dem Nicht-Erlangen bevorzugt. Die Valenz ist Null, wenn die Person indifferent ist und negativ, wenn die Person das Nicht-Erlangen bevorzugt.[60]

Unter dem Begriff der **Instrumentalität** soll die Erwartung verstanden werden, dass die Belohnung durch das Unternehmen tatsächlich dazu dienen wird, die als bedeutsam erachteten Bedürfnisse zu befriedigen. Diese Erwartung wird, wie man der Abbildung entnehmen kann, auf zwei Ebenen relevant: Erwartung I (vgl. Abbildung E I) beschreibt die *„subjektive Wahrscheinlichkeit, dass mit einer bestimmten Handlung (Anstrengung) auch ein bestimmtes Ergebnis (Aufgabenziel) erreicht wird."*[61] Diese sog. Handlungs- Ergebnis- Erwartung hängt ab von den Leistungszielen und deren Realisierbarkeit. Die Ergebnis- Folge- Erwartung, E II, ist die subjektive Erwartung des Mitarbeiters, dass mit der Erfüllung der konkreten Aufgabe, die dazugehörige

---

[59] Vgl. Vroom 1982, S.15f
[60] Vgl. Vroom 1982, S.15
[61] Holtbrügge 2004, S. 18

Belohnung gewährt werde. Sie wird bspw. bestimmt durch den zeitlichen Abstand zwischen der Leistung und Belohnung.[62] Die Instrumentalität kann hierbei eine Wertigkeit von –1 bis +1 haben.

Die Betrachtung der Wahrnehmung instrumenteller Relationen stellt einen neuen wesentlichen Ansatz dar. Die Darbietung eines auf den Mitarbeiter zugeschnittenen Anreizes reicht also nicht, es müssen in gleicher Weise die Mittel – eben die Instrumente zur Zielerreichung - zur Verfügung gestellt werden, die auch im Erwartungsbereich des Mitarbeiters liegen.[63]

Die **Erwartung** ist definiert als der *„Glaube bezüglich der Wahrscheinlichkeit, dass einer bestimmten Handlung ein bestimmtes Ergebnis folgen wird."*[64] Erwartungen können unterschiedliche Stärken haben. Die maximale Stärke hat eine Erwartung bei einer subjektiven Gewissheit, dass dieser Handlung dieses Ergebnis folgen wird – während eine Stärke von Null die subjektive Gewissheit ausdrückt, dass dieser Handlung nicht das Ergebnis folgen wird.[65]

Wenn alle drei Komponenten – Valenz, Instrumentalität und Erwartung - positiv bewertet werden, ergibt sich erst die `Motivation´. Je höher das Produkt ist, um so stärker wird die Motivation sein. Zusammengefasst kann festgehalten werden, dass der Mitarbeiter dann zur Arbeitsleistung motiviert wird, wenn er erkennt, dass seine persönliche Anstrengung zu einer erhöhten Arbeitsleistung führt, gerade diese Arbeitsleistung seinem persönlichen Interesse und Ziel dient, und diese Ziele für ihn von großer Bedeutung sind.[66] Vroom weist auch auf die Möglichkeit hin, dass Dinge auch an sich, also „for their own sake,"[67] erwünscht oder abgewiesen werden können, ohne dass es mit Valenz oder Erwartung erklärt werden könnte.

---

[62] Vgl. Holtbrügge, S. 18
[63] Vgl. Scholz 2000, S. 898
[64] Vroom 1982, S. 17
[65] Vgl. Vroom 1982, S. 17
[66] Vgl. Weinert 1987, S. 276
[67] Vroom 1982, S. 16

2.2.2.2 Bewertung der VIE-Theorie

Allgemein kann festgehalten werden, dass bei der VIE-Theorie zu stark von einem rational denkenden Menschen ausgegangen wird. Das rationale Zweck- Mittel- Denken wird zu sehr betont. Methodisch wird bemängelt, dass die Ergebnisse auf Selbstaussagen der Mitarbeiter beruhen und daher als sehr subjektiv einzustufen sind.[68] Außerdem ist die Erfassung von Valenzen und Erwartungen mit erheblichen messtheoretischen Problemen verbunden. Ferner ist anzunehmen, dass einer Arbeitskraft in der Praxis kaum Alternativen offenstehen, zwischen denen er unter Beachtung seiner Valenzen und Erwartungen dann eine Entscheidung treffen kann.[69] Außerdem trifft Vroom keine Aussage darüber, welche Faktoren die Erwartung beeinflussen können, wie bspw. Führungsstil oder Selbstwertschätzung, und wie sie sich entwickeln, denn Individuen können ihre Arbeitssituation, bedingt durch ihre Annahmen, Emotionen oder Bedürfnisse auch fehleinschätzen.[70]

2.2.2.3 Gerechtigkeitstheorie nach Adams

Der Kerngedanke der Gerechtigkeitstheorie (Equity-Theorie) von J. S. Adams (1963) ist, dass Mitarbeiter ihre Beziehungen und die dafür erhaltene Belohnung mit denen ihrer Kollegen vergleichen, sich aus diesem Vergleich ein Gefühl der Gerechtigkeit oder Ungerechtigkeit ergibt und sich dieses Empfinden auf die Motivation auswirkt. Adams Arbeit zielt also darauf ab, das Bewusstsein für das Empfinden von Ungerechtigkeit zu schärfen und dieses Phänomen zu kontrollieren.[71]

Gemäß der Theorie sucht sich der Mitarbeiter einen Anderen (*„Other"* [72]) als Vergleichsperson aus. Dieser Mitarbeiter vergleicht nun seine Leistung (input) und den dafür erhaltenen Lohn (output) mit denen des Anderen. Als outcome versteht Adams die Bezahlung, Statussymbole und formelle und informelle Vergünstigungen. Als Gegenleistung für die Bezahlung, quasi als input, kann der Mitarbeiter Folgendes anbieten: *„education, intelligence, experience training, skill, seriority, age, sex, ethnic back-*

---

[68] Vgl. Neuberger 1974, S. 92
[69] Vgl. Staehle 1999, S.236
[70] Vgl. Weinert 1987, S.276
[71] Vgl. Adams 1963, S. 422
[72] Adams 1963, S. 424

ground, social status, and very importantly the effort he expends on the job."[73] Eine Ungerechtigkeit empfindet die Person, wenn zwischen dem Verhältnis seines input und outcome und dem des Anderen Diskrepanz herrscht. Wenn das Verhältnis zwischen dem eigenen Beitrag und der Belohnung äquivalent ist mit dem Verhältnis der Vergleichsperson, dann ergibt sich für sie ein Gefühl der Gerechtigkeit – und das Gleichgewichtsprinzip ist gewahrt. Es wird angenommen, dass nicht nur dann Ungerechtigkeit herrsche, wenn man verhältnismäßig unterbezahlt, sondern auch überbezahlt werde.[74] Weiterhin illustriert Adams, welche Maßnahmen von den Personen ergriffen werden können, wenn sie eine Ungerechtigkeit in diesem Sinne erfahren. Von den acht möglichen seien an dieser Stelle die drei wichtigsten aufgeführt:

1. Die Person könnte ihre inputs erhöhen, wenn diese in Relation zu den Anderen und seinem outcome zu gering sind, um dieses Missverhältnis zu beheben.
2. Die Person könnte die Ungerechtigkeit beheben, indem sie ihre Bemühungen bzw. Produktivität vermindern, falls diese im Bezug zu den Bemühungen und der entsprechenden Belohnung zu hoch sind
3. Die Person würde versuchen, die enthaltene Belohnung zu steigern, wenn diese verhältnismäßig zu gering ist.[75]

Erkennt ein Mitarbeiter also eine Ungerechtigkeit, so wird bei ihm Spannung erzeugt – die Motivation. Erst diese Motivation löst die Reaktion aus, die Ungleichbehandlung zu beseitigen. Dies impliziert, dass Gleichbehandlung nicht ein Verhalten aktiviert und verweist zugleich auf die Schwierigkeit, die Theorie auf die Praxis zu beziehen. Holtbrügge leitet bspw. daraus für das Personalmanagement ab, auf Grund der Relativität von Bewertungen die Vergütung transparent und an Regeln gebunden zu gestalten und wegen der Subjektivität Mitarbeiterbedürfnisse differenziert zu analysieren..[76]

Neue Aspekte, die im Rahmen der Motivationstheorien hiermit aufgegriffen worden sind, sind die Rolle des Bezugsystems und die zusätzliche Berücksichtigung des Aufwandes neben dem Ergebnis.[77]

---

[73] Adams 1963, S.422
[74] Vgl. hierzu und in folgenden Adams 1963, S. 425ff
[75] Vgl. Adams 1963, 427, 428
[76] Vgl. Holtbrügge 2004, S.18
[77] Vgl Hentze/Brose 1990, S.53

2.2.2.4 Bewertung der Gerechtigkeitstheorie

Während einige Studien die Gerechtigkeitstheorie in ihren Ergebnissen unterstützen konnten, sind auch zahlreiche Studien vorhanden, die keinen Unterschied bei der Produktivität unter- und überbezahlter Arbeitsgruppen feststellt haben.[78] Vroom sieht einen wesentlichen Mangel in der Annahme, dass der Spannungszustand bei einer Unter- oder Überbezahlung identisch sei. Näher liege die Überlegung, dass das durch Überbezahlung hervorgerufene Gefühl der Ungerechtigkeit weniger frustrierend und beständig ist. Wenn ein Mitarbeiter glaubt, dass er bei gleichem Input unterbezahlt worden sei, werde er die Ungerechtigkeit durch Verminderung seines Einsatzes zu reduzieren versuchen.[79] Ferner würden jeweils die `Summen´ der Einsätze und Belohnungen gebildet, wofür eine Einheitlichkeit dieser Faktoren, also eine gemeinsame Dimension, vonnöten wäre.[80] Letztlich wird die Unterstellung, dass der Einsatz und die Belohnung stets klar voneinander abgegrenzt und klar definiert werden könne bemängelt.[81]

2.2.2.5 Zieltheorie von Locke

Die Hauptprämisse der Zielsetzungstheorie von E. A. Locke und G. P. Latham (1990) ist, dass Ziele die unmittelbaren Regulatoren menschlichen Handelns in Arbeitssituationen sind.[82] Die Schlüsselfaktoren sind u.a. die Spezifität, der Schwierigkeitsgrad, die Verbindlichkeit und das Feedback.

Zunächst muss ein übergeordnetes Ziel, als Rahmen oder Vision, vorhanden sein. Anschließend geht es um die Übersetzung, also Formulierung der allgemeinen Ziele in spezifische konkrete Ziele, die auf Geschäftsfeld, Abteilung und Individuum abgestellt sind. Klar formulierte Ziele wirken sich auf die Performanz besser aus als vage „do your best"[83] – Ziele.

---

[78] Vgl. Neuberger 1974, S. 99
[79] Vgl. Vroom 1990, S.253
[80] Vgl. Neuberger 1974, S. 98
[81] Vgl. Neuberger 1974, S. 99
[82] Vgl Latham/Locke 1995, Sp. 2222
[83] Locke/Latham 1990, S.29

Eindeutige Ziele „*direct the individual's attention to relevant bahaviors or outcomes (...)*"[84] Gleichzeitig postuliert die Zielsetzungstheorie einen linearen Zusammenhang zwischen dem Schwierigkeitsgrad des Ziels und der Leistung. Allerdings wirkt sich ein hoher Schwierigkeitsgrad negativ auf die Zielverbindlichkeit aus, was die Leistung ebenfalls einschränkt. Außerdem äußert sich das Feedback in Verbindung mit vorher definierten Zielen als wichtiges Element der Zieltheorie. Ein Feedback ohne vorherige Zielsetzung entfaltet dagegen keine signifikant positive Wirkung.[85] Die Partizipation hat bei der Zielfindung zwar keinen konsistenten und starken leistungsfördernden Effekt, dennoch wirkt es sich über die höhere Selbstverpflichtung, Identifikation mit dem Ziel und Beharrungsvermögen positiv auf die Motivation aus.[86] Durch eine Zielvereinbarung wird impliziert, dass der betroffene Mitarbeiter auch über die Fähigkeit besitzt, dieses Ziel zu erreichen, was wiederum das Selbstvertrauen und das Selbstbewußtsein des Mitarbeiters erhöht.[87]

---

[84] Locke/ Latham 1990, S. 95
[85] Vgl. Locke/Latham 1990, S. 180
[86] Latham/Locke 1995, Sp. 2224f
[87] Vgl. Latham/Locke 1995, Sp. 2226

3 Motivationsinstrumente

Aus einer Palette von unterschiedlichen Motivationsinstrumenten werden dieser Arbeit sechs ausgewählte bedeutende Instrumente und die Unternehmenskultur als siebtes, die anderen Instrumente im weiten Sinne umfassendes Instrument, zugrunde gelegt. Beginnend mit dem Leistungslohn als materielle Größe werden die unterschiedlichen Formen der Mitarbeiterbeteiligungen dargestellt und motivationstheoretisch bewertet. Diesem folgen die Zielvereinbarung und das Cafeteria- System, die in ihren einzelnen Gestaltungsmerkmalen erläutert und bewertet werden. Anschließend werden die unterschiedlichen Formen der Gruppenarbeit und der Führungsstile und als letztes die Unternehmenskultur behandelt.

3.1 Der Leistungslohn

3.1.1 Formen des Leistungslohns

Die leistungsorientierte Vergütung basiert auf dem Prinzip der „Äquivalenz von Lohn und Leistungsgrad."[88] Der Leistungslohn – zweckmäßig auch leistungsbezogener Lohn genannt – errechnet sich aus dem Arbeitsergebnis und stellt das Pendant zum Zeitlohn dar, bei dem sich der Lohn aus dem festen Stundenlohnsatz und der Arbeitszeit ergibt.[89] Als durch den Tarifvertrag geregelten klassische Leistungslohnarten sind der Akkord- und der Prämienlohn zu nennen.

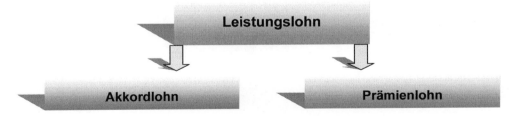

Abbildung 6: Formen des Leistungslohns

---

[88] Schwertner 2002, S. 52
[89] Vgl. Böhrs 1980, S.34

Der **Akkordlohn** ist eine Entlohnungsform, bei der „*das Mengenergebnis der Arbeit im proportionalem Verhältnis zu diesem*"[90] entlohnt wird. Während sich der Verdienst beim Geldakkord über die erarbeitete Menge und dem Stücklohn errechnet, bildet sich dieser beim Zeitakkord über die Summe der Menge, der Vorgabezeit je Mengeneinheit und über den Geldfaktor je Zeit- bzw. Minuteneinheit. Der effektiv erzielte Verdienst ist bei der Akkordarbeit unmittelbar abhängig von der Leistung. Ferner ist zu beachten, dass der Akkordlohn auch nur bei akkordfähigen, d.h. zeitlich messbaren und mengenmäßig erfassbaren Arbeiten Anwendung finden kann.[91]

Definitionsgemäß liegt ein **Prämienlohn** dann vor, wenn „*zu einem vereinbarten Grundlohn (...) planmäßig ein zusätzliches Entgelt – die Prämie – gewährt wird, dessen Höhe auf objektiv und materiell feststellbaren Mehrleistungen des Arbeiters beruht*"[92] – wobei angenommen wird, dass diese Mehrleistung bei reiner Zeitlohnarbeit ohne Prämie nicht erwartet werden könnte. Als Leistungsmaßstab kann hierbei die erzielte Arbeitsmenge, die Qualität des Arbeitsergebnisses oder etwa der günstige Verbrauch der Einsatzfaktoren prämiert werden. Wesentlich, und daher noch einmal zu erwähnen ist, dass die Prämienentlohnung im Gegensatz zum Akkordlohn neben der Prämie einen fixen Grundbestandteil enthält. Der überwiegende Teil des Lohnes wird dem Mitarbeiter also automatisch gewährt, unabhängig von der Prämie für eine festgestellte Mehrleistung.[93]

Insgesamt lässt sich hieraus der Schluss ziehen, dass dieser Mitarbeiter viel weniger als der Akkordarbeiter gehalten ist, die Norm zu erreichen oder gar zu überschreiten. Wichtig ist auch hier die enge zeitliche Kopplung der Bezahlung mit der Leistung, da eine Belohnung bei einem längerem *time-lag* möglicherweise als Teil der normalen Gehaltszahlung erlebt werden könnte.[94] Bislang wurde von der individuellen leistungsorientierten Vergütung ausgegangen. Eine andere Möglichkeit stellt die Entlohnung von Gruppenleistungen dar.

---

[90] Böhrs 1980, S. 129
[91] Vgl. Böhrs 1980, 129, 131
[92] Böhrs 1980, S.159
[93] Vgl. Böhrs 1980, S. 160
[94] Vgl hierzu und im folgenden Kaschube/ Rosenstiel 2000, S.72

3.1.2 Motivationstheoretische Bewertung des Leistungslohns

Die Anreizwirkung des Leistungslohns ist primär abhängig von der Enge der Beziehung zwischen der individuellen Leistung eines Mitarbeiters und seinem Lohn und dem Grad, in der der einzelne sein Arbeitergebnis selbst beeinflussen kann. Hiermit geht die Vroomsche Handlungs-Ergebnis-Erwartung einher. Daher ist die Leistungswirkung umso höher, je einfacher und verständlicher die Einflussfaktoren für den einzelnen sind. Letztlich ist für die Valenz von Bedeutung, inwiefern die Bedürfnisse und Erwartungen des Mitarbeiters durch den potenziellen Mehrverdienst angesprochen werden.

Für ein leistungsorientiertes Vergütungssystem ist ihre generelle Akzeptanz von allen Teilnehmern wesentlich. Die Leistung sollte der geeignete und gebilligte Maßstab für eine als gerecht empfundene Vergütung sein, denn für die angestrebte Motivationswirkung ist die Anerkennung des Prinzips der Leistungsgerechtigkeit unabdingbar.[95] Hieraus resultiert, dass bei Verfahren, bei der sich die Höhe des Entgelts über das Lebensalter oder an der Höhe der Betriebzugehörigkeit bemisst, einer leistungsorientierten Mentalität erheblich entgegenwirkt – gerade auf Grund des fehlenden direkten Zusammenhangs zur Leistung.[96] Hinzuweisen ist in diesem Zusammenhang auf die theoretischen Überlegungen Adams, demzufolge der Vergleich der erhaltenen Belohnungen in Relation zum Input für den Mitarbeiter von besonderer Bedeutung ist. Im Sinne der Verteilungsgerechtigkeit kommt dem Leistungslohn also große Bedeutung zu. Insbesondere die Transparenz der Kriterien für eine Leistungsentlohnung wird förderlich sein.[97]

Die Rolle des Geldes als motivierende Komponente wird unterschiedlich bewertet: Vor Augen zu führen ist hier, dass der Lohn von Herzberg als ein Hygienefaktor klassifiziert wurde, der lediglich Unzufriedenheit vermeiden, aber nichts zur Motivation beitragen kann. Geld kann allerdings auch – nach Meinung anderer Autoren - über die Hygienefunktion hinaus als Motivator wirken, und zwar *„als eine Rückmeldung über das Ausmaß an Anerkennung für die erbrachte Leistung."*[98] Nach Maslow dient Geld der Befriedigung der elementaren Grundbedürfnisse und weit reichender Sicherheitsbedürfnisse. Wie bereits oben erwähnt, kann auch die Anerkennung durch andere damit zum

---

[95] Vgl. Schwertner 2002, S.51
[96] Vgl. Schwertner 2002, S.54
[97] Vgl. Kaschube/ Rosenstiel 2000, S.71
[98] Kaschube/Rosenstiel 2000, S.71

Ausdruck kommen – d.h. auch auf der höchsten Stufe der Maslowschen Pyramide, auf die Selbstverwirklichung, wird es sich positiv auswirken, da auch viele Formen der Selbstverwirklichung abhängig von der Finanzierbarkeit sind.[99] Eine in der Literatur konträre Betrachtungsweise ist allerdings die, dass finanzielle Anreize für mehr Leistung unter der Prämisse, dass die Grundbedürfnisse befriedigt sind, an Bedeutung verlieren, weil insbesondere im Zuge des Wertewandels bspw. Freizeitziele höheres Gewicht bekommen.[100]

Eine Hypothese mit den Namen `**overjustifikation-effect´** verweist auf die Gefahr, dass die Arbeitskräfte ihren Arbeitseinsatz ausschließlich im Hinblick auf die dafür erhoffte Entlohnung ausrichten und die intrinsische Motivation verlieren.[101] Denn ein äußerer, also extrinsischer, Eingriff bewirkt, dass eine Handlung, die ursprünglich intrinsisch motiviert war, d.h. aus der Freude an sich selbst unternommen wurde, nun von diesem unterhöhlt und verdrängt wird.[102] Während dieser sog. Verdrängungseffekt laut Frey/ Osterloh in zahlreichen Laborexperimenten und Felduntersuchungen bestätigt wurde, verweisen andere Autoren auf den additiven Effekt intrinsischer und extrinsischer Belohnungen.[103] Die Befunde sind widersprüchlich, auch aus der Empirie lassen sich keine eindeutigen Aussagen treffen. Abschließend kann dazu evtl. festgehalten werden, dass zwar ein kontraproduktiver Verdrängungseffekt eintreten kann, aber nicht muss. Es wird argumentiert, dass sein Eintritt von zwei Bedingungen abhängt: Erstens muss der von dem externen Eingriff betroffene Mitarbeiter überhaupt auch über ein signifikantes Ausmaß an intrinsischer Arbeitsmotivation verfügt haben, die verdrängt werden kann, weil einige einfache Tätigkeiten, wie bspw. die Fließbandarbeit `ausschließlich´ wegen des Gelderwerbs ausgeübt werden und gar keinen Raum zur inneren Befriedigung öffnen. Zweitens kann die intrinsische Motivation nur dann unterhöhlt werden, wenn dadurch die Selbstbestimmung und die Selbstachtung der Person eingeschränkt wird.[104]

---

[99] Vgl. Comelli/Rosenstiel 1995, S. 155
[100] Vgl. Kaschube/ Rosenstiel 2000, S. 71
[101] Vgl. Kaschube/ Rosenstiel 2002, S. 72
[102] Vgl. Frey/Osterloh 2000, S. 67
[103] Vgl hierzu Frey/ Osterloh 2000, S. 67 und zugl. Kaschube/Rosenstiel 2000, S. 72
[104] Vgl Frey/Osterloh 2002, S. 68

3.2 Die Mitarbeiterbeteiligung

Finanzielle Zuwendungen stellen in Wirtschaftsorganisationen die gebräuchlichste Anreizform dar. Im Rahmen der materiellen Anreize kommt den Mitarbeiterbeteiligungsmodellen, der Erfolgs- und Kapitalbeteiligung, eine besondere Bedeutung zu.[105]

Abbildung 7: Mitarbeiterbeteiligungsformen

„[Die] Mitarbeiterbeteiligung umfasst alle materielle und immaterielle Beteiligungsmöglichkeiten der Mitarbeiter an dem Unternehmensprozess und am Unternehmensergebnis."[106] Mit der immateriellen Komponente werden die Mitarbeiter im Rahmen eines partnerschaftlichen Verhältnisses in das Unternehmen eingebunden. Dies ermöglicht ihnen eine Einflussnahme auf betriebliche Entscheidungen durch Gewährung von Informations-, Anhörungs- und Einwirkungsmöglichkeiten.[107] Von besonderer Bedeutung ist zudem, dass die materielle Beteiligung nur ergänzt um immaterielle Komponenten erst ihre volle Wirksamkeit entfaltet.

Die Erfolgsbeteiligung kann als die Beteiligung des Mitarbeiters an dem Gesamterfolg des Unternehmens definiert werden. Die reine Erfolgsbeteiligung sieht für den Mitarbeiter über die eigentliche Lohnzahlung hinaus einen Anspruch auf einen Teil des Betriebserfolgs vor.[108] Unter einer Kapitalbeteiligung hingegen versteht man die Beteiligung des Mitarbeiters am Unternehmenskapital.

---

[105] Vgl. Strack 1984, S.32
[106] Vgl. Fakesch 1991, S.46
[107] Vgl. FitzRoy/Kraft 1987, S. 29
[108] Vgl. Faltlhauser 1977, S.75

3.2.1 Formen der Mitarbeiterbeteiligung

3.2.1.1 Die Erfolgsbeteiligung

Eine Erfolgsbeteiligung weist die Formen der Leistungs-, Ertrags- und Gewinnbeteiligung auf.[109] Diese können wiederum unterschiedliche Bemessungsgrundlagen haben, wie in der folgenden Abbildung verdeutlicht.

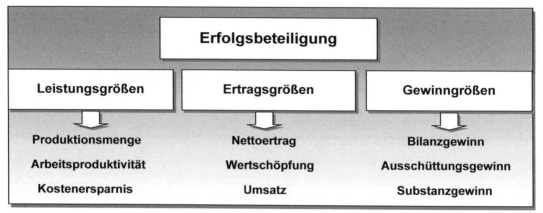

Abbildung 8: Basisgrößen der Erfolgsbeteiligung

3.2.1.1.1 Leistungsbeteiligung

Eine Leistungsbeteiligung wird ausgeschüttet, wenn die tatsächliche Leistung die Normalleistung überschreitet, wobei als Bemessungsgrundlage die Produktionsmenge, die Produktivität oder die Kostenersparnis genommen werden kann.[110] Wenn die Leistung mit der Produktionsmenge definiert wird, kommt die Produktionsmengenbeteiligung zum Tragen. Hierbei wird ein Anteil der innerhalb eines Zeitrahmens überschüssig produzierten Menge den Mitarbeitern zugeteilt. Wird die Produktivität als Grundlage festgesetzt, wird die Relation der Leistung zu den Kosten verglichen mit den aus vorhergehenden Periodenergebnissen ermittelten Sollwerten.[111] Hier erfolgt die Beteiligung bei einer Verbesserung des Verhältnisses zwischen der Produktionsmenge und der damit verbundenen Kosten.[112] Grundlage für die Kostenersparnisbeteiligung sind die

---

[109] Vgl. Sundermeier 1992, S. 140ff
[110] Vgl. Sundermeier 1992, S.144
[111] Vgl. Maier 1977, S.118
[112] Vgl. Maier 1977, S.118 und Sundermeier 1992, S. 144

„*eingesparten Kosten je Leistungseinheit*"[113] - erstrebt wird hiermit insgeheim eine Output-Erhöhung. Kritisch ist anzumerken, dass ein kompliziertes Rechnungswesen notwendig ist und durch das reine Kostendenken jeglicher Marktbezug fehlt.[114]

3.2.1.1.2   Ertragsbeteiligung

Charakteristisch für die Ertragsbeteiligung ist – ähnlich der Leistungsbeteiligung – dass ein zuvor ermittelter Normalertrag dem tatsächlich erreichten Periodenergebnis gegenübergestellt wird. Anschließend erhält der Mitarbeiter einen prozentualen Anteil des Differenzbetrages.[115] Die Ertragsbeteiligung kann in den Varianten der Nettoertragsbeteiligung, Wertschöpfungs- und Umsatzbeteiligung vorkommen. Bei der Nettoertragsbeteiligung ist die Grundlage der Zahlungen der Saldo zwischen tatsächlichem und geplantem Nettoertrag. Für die Wertschöpfungsbeteiligung wird als Bemessungsgrundlage der Umatz von Lagerbestandsveränderungen und vom Aufwand für betriebliche Leistungen bereinigt. Auch hierbei wird dem Mitarbeiter ein Anteil des ermittelten Wertschöpfungsüberschusses gewährt.[116] Die Umsatzbeteiligung ist die häufigste Form der Ertragsbeteiligung. Hierbei kann zusätzlich zwischen der Brutto- und Nettoumsatzbeteiligung differenziert werden.[117] Sie ermöglicht den Mitarbeitern die prozentuale Beteiligung, wenn die vorgegebene Höhe des Gesamtumsatzes überschritten wird.

3.2.1.1.3   Gewinnbeteiligung

Im Rahmen der Erfolgsbeteiligung hat die Gewinnbeteiligung in der Praxis die größte Bedeutung. Als Erfolgsmaßstab dienen hierbei der Bilanzgewinn aus Steuer- oder Handelsbilanz, der Ausschüttungsgewinn und der Substanzgewinn.[118] Die Höhe der Beteiligungssumme und der Gewinnaufteilung wird unternehmensindividuell bestimmt. Bei der Ausschüttungsgewinnbeteiligung wird der zur Ausschüttung vorgesehene Gewinn als Beteiligungsbasis gesehen. Bei der Substanzgewinnbeteiligung wird jeweils die Höhe der Beteiligung an den einbehaltenen Gewinnen bemessen. Die beiden letztgenannten Formen werden allerdings kaum praktiziert.[119]

---

[113] Sundermeier 1992, S.144
[114] Vgl. Esser/Faltlhauser 1974, S. 27
[115] Vgl. hierzu und im Folgenden Sundermeier 1992, S. 142
[116] Vgl. Sundermeier 1992, S.142
[117] Vgl. Maier 1977, S.117
[118] Vgl. Sundermeier 1992, S.141
[119] Vgl. Faschek 19991, S.83

3.2.1.2 Kapitalbeteiligung

Im Rahmen einer Kapitalbeteiligung erfolgt die Beteiligung auf Grund einer Kapitaleinlage des Mitarbeiters. Grundsätzlich kann bei der Kapitalbeteiligung zwischen der Mittelaufbringung und der Mittelverwendung differenziert werden. Von Relevanz ist an dieser Stelle nur die Verwendungsseite. Diese umfasst neben der Fremd- und Eigenkapitalbeteiligung die Stille Beteiligung.[120] Während bei der Fremdkapitalbeteiligung zwischen dem Mitarbeiter-Darlehen und der Schuldverschreibung differenziert wird, kann die Eigenkapitalbeteiligung u.a. in Form von Belegschaftsaktien, GmbH- oder KG-Anteilen erfolgen.[121] Die unterschiedlichen Kapitalbeteiligungsformen können mit der folgenden Abbildung dargestellt werden:

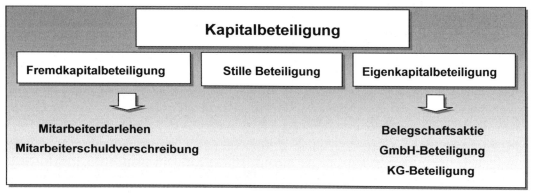

Abbildung 9: Kapitalbeteiligungsformen

3.2.1.2.1 Fremdkapitalbeteiligung

Ein **Mitarbeiterdarlehen** stellt eine Beteiligung am Fremdkapital dar. Hierbei überlässt der Mitarbeiter als Darlehensgeber dem Unternehmen als Darlehensnehmer einen Geldbetrag in vereinbarter Höhe.[122] Gemäß § 488 I S.2 BGB ist der Darlehensnehmer zur Zinszahlungen und zur Rückerstattung bei Fälligkeit verpflichtet. Zinszahlungen werden also als Preis für die Überlassung von finanziellen Mitteln zugesichert. Diese sollten aus Arbeitnehmersicht mindestens so hoch sein wie bei alternativen Anlageformen, um nicht das Gefühl einer *„billigen Finanzierungsquelle"*[123] zu geben. Mit einem Darlehen ist man weder am Gewinn noch am Verlust beteiligt. Der Mitarbeiter haftet zwar als Gläubiger nicht, hat aber auch keine Entscheidungs- und Kontrollrechte, wenn

---

[120] Vgl. FitzRoy /Kraft 2000, S.41 und 42
[121] Vgl. FitzRoy/Kraft 1987, S.41
[122] Vgl. § 488 BGB I, S.1 und für Folgendes § 488 BGB I, S.2
[123] Strack 1984, S. 150

nicht explizit vereinbart.[124] Auch kann neben dem Zinssatz eine erfolgsabhängige Rendite vereinbart werden. Für die Darlehensbeteiligung liegen keinerlei Formvorschriften vor, sie ist rechtsformunabhängig, sodass ein flexibler Einsatz gewahrt ist.[125] Insgesamt ermöglicht das Mitarbeiterdarlehen eine einfache Handhabung, denn das Konzept ist relativ transparent und unkompliziert. Der Aufwand ist vergleichsweise gering.

Als Wertpapiere können die **(Mitarbeiter-)Schuldverschreibungen** die Form von Wandel- oder Gewinnschuldverschreibungen haben. Während bei Wandelschuldverschreibungen den Gläubigern ein Umtausch oder Bezugsrecht auf Aktien eingeräumt wird, werden bei Gewinnschuldverschreibungen die Gläubigerrechte „mit Gewinnanteilen von Aktionären in Verbindung gebracht."[126] Auch hier unterbleiben – vergleichbar dem Darlehen – Verlustbeteiligung oder Haftung und zugleich die Rechte auf Mitbestimmung. Die festgelegten Zinsen enthalten zusätzlich eine Erfolgskomponente.[127] Die Rücknahme zum Nominalwert ist garantiert. Da kein Kursrisiko besteht, stellt die Mitarbeiterschuldverschreibung eine relativ sichere Anlageform da.

3.2.1.2.2 Eigenkapitalbeteiligung

Unter **Belegschaftsaktien** können Anteile des Mitarbeiters am Kapital des Arbeit gebenden Unternehmens verstanden werden. Sie werden den Arbeitnehmern als freiwillige Sozialleistung zum Vorzugspreis angeboten und stellen eine Beteiligungsmöglichkeit am Produktivvermögen dar.[128] Die Belegschaftsaktie ist als eine Kapitalbeteiligungsform sehr weit verbreitet. Ausgegeben werden kann sie nur in Großunternehmen, die auch die Rechtsform einer Aktiengesellschaft haben.[129] Für nicht börsennotierte mittelständische Aktiengesellschaften ist diese Beteiligungsform nur beschränkt geeignet, da der genaue Marktwert der Aktien auf Bestimmungsschwierigkeiten stößt.

Eine **GmbH-Beteiligung** kann in der Regel nur in kleineren und mittleren Unternehmen erfolgen, die diese Gesellschaftsform haben. Hier wird den Beteiligten also die Teilnahme am Stammkapital des Unternehmens gewährt. Die Beteiligten werden zu voll-

---

[124] Vgl. Mez 1991, S.33 und Esser/ Faltlhauser 1974, S.33
[125] Vgl. Juntermann 1991, S.13
[126] § 221 I, 1 AktG
[127] Vgl. Mez 1991, S.34 und zugl. Schanz 1985, S. 88
[128] Vgl. Guski 1977, S.150, und Guski 1977c, S. 148
[129] Vgl. Strack 1984, S. 164, 168

wertigen Gesellschaftern mit den entsprechenden Rechten und Pflichten. Es werden Mitwirkungs- und Informationsrechte gewährt, und die Gewinnausschüttung erfolgt gewinnabhängig. Sie unterliegen keiner staatlichen Sparförderung oder etwa einer Steuerbegünstigung; die Steuerbelastung des laufenden Gewinns ist sogar relativ hoch. Die Gesellschafter einer GmbH haften nur mit ihrem Gesellschaftsvermögen.[130] Für eine Mitarbeiterbeteiligungsform erweist sich eine GmbH-Beteiligung als zu verwaltungsaufwändig und kostspielig. Neben der Handelsregistereintragung ist zudem bei Erwerb und Verkauf der Anteile eine notarielle Beglaubigung von Nöten.[131] Außerdem ist die GmbH-Beteiligung ist eher für eine geringe Anzahl an Gesellschaftern konzipiert.

Bei der **KG-Beteiligung** erfolgt die Beteiligung sowohl am Gewinn als auch am Verlust. Die Haftung erstreckt sich bis zur Höhe der Einlage unmittelbar.[132] Das Kontrollrecht ist beschränkt auf die Einsicht und die Prüfung des Jahresabschlusses. Weiterhin besteht auch hier die Notwendigkeit zur Anmeldung der Namen der Kommanditisten in das Handelsregister.[133] Die steuerlichen Rahmenbedingungen sind sehr ungünstig, da Gewinnanteile der Gesellschafter einer Kommanditgesellschaft steuerrechtlich Einkommenseinkünfte aus gewerblichen Unternehmen darstellen, und der Kommanditist quasi als Gewerbetreibender behandelt wird.[134] Auf Grund der geringen Attraktivität ist der Verbreitungsgrad sehr gering.

3.2.1.3 Stille Beteiligung

Die stille Beteiligung kann an jede bestehende Unternehmensrechtform angegliedert werden, sie kommt aber eher in KMUs vor.[135] Sie stellt eine Beteiligung am Produktivkapital dar. Die Beteiligung ist unmittelbar mit dem wirtschaftlichen Erfolg des Unternehmens verbunden. Es kann vereinbart werden, dass der stille Gesellschafter nicht am Verlust beteiligt sein soll- eine Gewinnbeteiligung darf jedoch nicht ausgeschlossen werden. Bei einer eventuellen Verlustbeteiligung ist diese zudem begrenzt auf die

---

[130] Vgl. Strack 1984, S. 161f
[131] Juntermann 1991, S.16 und vgl. §§ 15, 10 GmbH-G
[132] Vgl. §§ 167, 171 HGB
[133] Vgl. § 162 S.2 HGB und für vorherig. § 166 HGB
[134] Guski 1977a, S. 108
[135] Mez 1991, S. 36

Einlagenhöhe.[136] Weiterhin frei vereinbar sind die Verzinsung und der Umfang der Widerspruchs- und Kontrollrechte. Obwohl die Stille Beteiligung steuerrechtlich ähnlich wie das Mitabeiterdarlehen behandelt wird, bietet sie eine sehr viel flexiblere Modellgestaltung und einfachere Handhabung, da ein notarieller Vertrag oder eine Registereintragung nicht notwendig sind.

3.2.2 Motivationstheoretische Bewertung der Beteiligungsmodelle

Belohnungen sollten als Ergebnis des eigenen Handelns, also als Ursache- Wirkung, erkennbar sein Daher ist das Stimulans der unterschiedlichen Beteiligungsverfahren dann größer, wenn der Zeitraum bis zum Erscheinen der Beteiligungsergebnisse ein kürzerer ist, sodass für die Mitarbeiter der direkte Zusammenhang zwischen ihrem Beitrag und der Beteiligung als Resultat erkennbar ist. Bei der **Leistungsbeteiligung**, als Form der Erfolgsbeteiligung, zeigt sich, insbesondere im Bereich der Produktion, eine stärkere Instrumentalität i. S. Vrooms, da hier konkret auf die Einzelleistung des Mitarbeiters abgestellt wird. Die **Gewinnbeteiligung** lässt keinen direkten Zusammenhang zwischen der Einzelleistung der Mitarbeiter und dem Erfolg erkennen. Da der Gewinn quasi als öffentliches Gut aufgefasst wird, kann davon sogar eine negative Motivationswirkung ausgehen.[137] *„Eine Erwartung im Sinne der V.I.E.-Theorie kann durch den einzelnen Mitarbeiter nicht aufgebaut werden, da er weder Markteinflüsse noch das Leistungsverhalten der Gesamtbelegschaft einschätzen kann."*[138] Auch bei der Ertragsbeteiligung spiegelt sich die Leistung des einzelnen nicht direkt in der Leistungsgröße wider. Bei der Umsatzbeteiligung ist die Instrumentalität nur dann eine größere, wenn der Mitarbeiter auch unmittelbar für den Umsatz – wie etwa durch eine Tätigkeit im Verkaufsbereich – zuständig ist. Insgesamt ist festzuhalten, dass die Beteiligungsquote nicht allein durch die individuelle Mehrleistung des Mitarbeiters, sondern vielmehr von Markteinflüssen und anderen Größen beherrscht wird, sodass eine Erwartung, wie von Vroom definiert, gar nicht gebildet werden kann.[139] Motivationstheoretisch ist es ferner von besonderer Relevanz, wie der Mitarbeiter die Wahrscheinlichkeit einschätzt, die Höhe des auf ihn entfallenden Gewinnanteils beeinflussen zu können.

---

[136] Vgl. § 231 I und II HGB
[137] Vgl. Sundermeier 1992, S.152
[138] Sundermeier 1992, S.153
[139] Vgl. Maier 1977, S.114 und Sundermeier 1992, S.156

Allerdings darf dieser Einfluss auch nicht als sehr hoch veranschlagt werden, da der Gesamtgewinn der Unternehmung primär von den Fähigkeiten der Unternehmensführung, der gesamtwirtschaftlichen Situation oder etwa durch die Marktstellung des Unternehmens bestimmt wird.[140]

Aus der Prozesstheorie lässt sich also keine direkte und prägnante Beeinflussung der Motivation hinsichtlich Erfolgsbeteiligungen erkennen.

Nicht aus jeder **Kapitalbeteiligungsform** ergeben sich per se starke Motivationseffekte. Daher muss unter Motivationsgesichtspunkten einzeln abgewogen werden, welche Form der Kapitalbeteiligung bei welcher Belegschaft und in welcher Höhe am effektivsten ist. Für **Fremdkapitalbeteiligungen**, also für das Mitarbeiterdarlehen und die Schuldverschreibung, ist insgesamt festzuhalten, dass den Beteiligten als Gläubigern hieraus keinerlei Informations- oder Kontrollrechte erwachsen. Da sich ihre Position auf das Entgegennehmen von Zinsen beschränkt und sein Kapitalrisiko sehr niedrig ist wird es ihre unternehmerische Einsatzbereitschaft kaum zum Positiven beeinflussen. Außer der materiellen Bindung erfolgt keine tatsächliche Integration des Mitarbeiters. Gemäß Fakesch haben Fremdkapitalbeteiligungen kaum eine Motivationswirkung.[141] Nur aus der garantierten Rückzahlung der bereitgestellten Summen, unabhängig von der wirtschaftlichen Entwicklung des Unternehmens, können Motivationseffekte resultieren.[142] Motivational von Bedeutung sind beim Mitarbeiterdarlehen insbesondere die Gestaltung der Laufzeit und die Verzinsung, denn ein zu großer Zeitraum zwischen der Leistungserstellung und der entsprechenden Gratifikation lässt die Ursache – Wirkungs – Beziehung nicht mehr unmittelbar erkennen.[143]

Als **Eigenkapitalgeber** wird der Mitarbeiter zum Miteigentümer, und ihm werden echte unternehmerische Mitspracherechte ermöglicht. Grundsätzlich erfolgt hierbei eine Beteiligung am Gewinn und Verlust, d.h. die Rückzahlung der Einlage ist abhängig von der Unternehmensentwicklung. Durch die unmittelbare Ergebniswirkung wird der Arbeitnehmer stärker in das Unternehmen eingebunden. Er wird eher ein unternehmerisches Interesse entwickeln, welches das Verantwortungsbewusstsein schärft und zu

---

[140] Vgl. Schanz 1985, S.82, 83
[141] Vgl. Fakesch 1991, S.85f
[142] Vgl. Juntermann 1991, S.6
[143] Vgl. Strack 1984, S.150

höherer Leistung motiviert.[144] Aus diesem Gesichtspunkt erweist sich für die Interaktion und Motivation der Mitarbeiter die gewinnabhängige Kapitalbeteiligung als am geeignetsten.[145] Insbesondere dienen Belegschaftsaktien der Förderung der individuellen Vermögensbildung der Verbesserung des Betriebsklimas und der Verbesserung der Stellung der Arbeitnehmer.

Insgesamt kann im Bezug auf die `Inhaltstheorien´ festgehalten werden, dass den Sicherheitsbedürfnissen sowohl die Kapital- als auch die Erfolgsbeteiligung positiv entgegenwirkt, da zum einen die private Vermögensbildung gefördert und gleichzeitig die Bindung an das Unternehmen auf lange Sicht gestärkt wird. Die Beteiligung am wirtschaftlichen Erfolg des Unternehmens bekräftigt ferner das Gefühl der Zusammengehörigkeit. Die Pflege des betrieblichen Vermögens wird quasi zu einem persönlichen Anliegen. Hiermit werden die Bedürfnisse nach Verantwortung und Anerkennung angesprochen. In diesem Zusammenhang ist motivationstheoretisch die Möglichkeit zur Mitwirkung am innerbetrieblichen Entscheidungsprozess bei der Erfolgs- und Eigenkapitalbeteiligung von Bedeutung. Zudem ergab eine Untersuchung über die Wirkungsweise von Motivationsfaktoren, dass die aus Mitarbeiterbeteiligungen resultierenden Motivationseffekte einen langfristigen Charakter haben.[146]

3.3 Zielvereinbarungen

3.3.1 Gestaltungsmerkmale von Zielvereinbarungen

Als weiteres Motivationsinstrument sind Zielvereinbarungen zu nennen. Für die gewünschte Funktionsweise von Zielvorgaben ist die Beachtung der individuellen und organisationalen Bedingungen Voraussetzung.[147] Zur erfolgreichen Umsetzung sollten die hier aufgeführten Gestaltungsinstrumente beachtet werden:

---

[144] Vgl. Fakesch 1991, S.86
[145] Vgl. Juntermann 1991, S.7
[146] Vgl. Guski 1977b, S.277
[147] Vgl. Galberg 2000, S.97

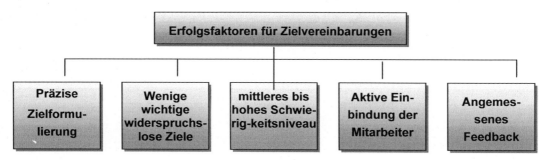

Abbildung 10: Gestaltungsmerkmale von Zielvereinbarungen

Zunächst bedarf es einer unmissverständlichen und präzisen Zielformulierung. Damit ein eindeutiger Gütemaßstab definiert ist, sollten – soweit das Gegenstand dies erlaubt – die Menge, der Zeitraum, der Qualitätsstandard und der zur Verfügung stehende Zeitrahmen angegeben werden.[148] Gegebenenfalls sollten die Ziele auch schriftlich festgehalten werden. Von Bedeutung für den Mitarbeiter ist ferner, dass die Methoden der Zielerreichung offensichtlich sind.[149]

Die Ziele können abteilungs- oder funktionsbestimmt sein. Sie können sich bspw. auf die Qualitätssicherung beziehen, mit den Kennziffern der Anzahl der Reklamationen pro Auflage und Qualitätskosten pro Umsatz, auf den Bereich der Fertigung mit den Kenngrößen des Nutzungsgrades, der Ausschussquote und Durchlaufzeit etc., oder etwa auf den Bereich der Logistik mit den Kennziffern Service und Anzahl der Terminabweichungen pro Auslieferung etc. Weiterhin können die Bereiche der Entwicklung und Konstruktion oder Instandhaltung Gegenstand von Zielvereinbarungen sein.[150] Im Bezug auf den Zeitfaktor lassen sich zudem auf langfristiger Ebene strategische Ziele, mittelfristig taktische und kurzfristig ausgerichtete operative Ziele unterscheiden.[151]

Zielvereinbarungen sollten in einem Gespräch stattfinden, sodass die Ziele auch bei dem Mitarbeiter auf Akzeptanz stoßen und Verbindlichkeit zum Ausdruck bringen. Der Mitarbeiter sollte in den Zielbildungsprozess aktiv eingebunden werden, er sollte seine Argumente mit einbringen können, sodass die Zielvereinbarung eine Art Kompromiss im beiderseitigen Einverständnis darstellt.[152] Es sollten nur wesentliche und tatsächlich

---

[148] Vgl. Rosenstiel 2003, S. 152
[149] Vgl. Nagel 1998, S. 81,83
[150] Vgl. S. 89 Nagel 1998, S. 89
[151] Vgl. Schlüter 1978, S. 20
[152] Vgl. Comelli/Rosenstiel 1995, S. 83

relevante Ziele besprochen werden, damit die Energien darauf gebündelt werden können.[153] Neben der Überzeugung des Mitarbeiters von der Wichtigkeit der Zielerreichung ist auch die Veranschaulichung des Zusammenhangs zwischen den jeweiligen einzelnen Teilzielen des Mitarbeiters und den Unternehmenszielen bedeutend, damit der persönliche Beitrag, also die persönliche Leistung für das Unternehmensganze konkret erkennbar wird.[154] Die Ziele sollten sowohl im Einklang mit den Stellenbeschreibungszielen und den übergeordneten Zielen des Unternehmens als auch mit den persönlichen Zielen des Arbeitnehmers stehen.

Weitere Voraussetzung ist, dass die Ziele spezifisch sind und eine hohe Herausforderung darstellen, da zu niedrige Vorgaben leistungsmindernd wirken können. Gleichzeitig sollten diese aber nicht die Fähigkeiten der betroffenen Person übersteigen. Die Aufgabenstellung sollte aber dennoch einen vom Arbeitnehmer überschaubaren Komplexitätsgrad aufweisen, damit die Zielerreichung nicht realitätsfern und damit eher abschreckend wirkt als motivierend. Notwendig ist ferner, den Aufwand und die Prioritäten für die Zielerfüllung zu klären.[155]

Weiterhin sollte auf Rückmeldung, das Feedback, geachtet werden, die Auskunft über den Zwischenstand der Annäherung bzw. den Zielerreichungsgrad gibt.[156] Entsprechendes gilt für nur vage formulierte Ziele. Eine zu spät erfolgte Rückmeldung kann durch die Abnahme des Erinnerungsvermögens die Wirkung vermindern. Zur Häufigkeit kann angemerkt werden, dass in der Regel aus öfter erfolgten Rückmeldungen eine positive Wirkung ausgeht, dass sich aber bei zu hoher Frequenz bei dem Mitarbeiter das unangenehme Gefühl zu starker Beobachtung und Kontrolle hervorgerufen wird.[157] Voraussetzung für eine angemessene Rückmeldung ist selbstverständlich die Überprüfbarkeit der Zielerreichung, also die Möglichkeit ihrer quantitativen oder qualitativen Erfassung.

---

[153] Vgl. Comelli/Rosenstiel 1995, S. 80
[154] Vgl. Nagel 1998, S. 84
[155] Vgl. Knebel 2005, S.112
[156] Vgl. Böhnisch 2000, S. 39 und Comelli/Rosenstiel 1995, S.84
[157] Vgl. Galberg 2000, S. 99

3.3.2 Motivationstheoretische Bewertung von Zielvereinbarungen

Die Motivationseffekte von Zielvereinbarungen sind sehr vielseitig. Allein durch die Zielformulierung werden Routineverhalten und Planlosigkeit vermieden, mehr noch – die Ergebnisorientierung wird automatisch erhöht. *„Die Ziele lenken die Aufmerksamkeit und Anstrengung auf die zielorientierten Handlungen (Richtung), sie sorgen für die Energiebereitstellung, die zur Zielerreichung notwendig ist (Intensität), sie steigern die Ausdauer bis zur Zielerreichung und sie fördern die Suche nach Problemlösungsstrategien."*[158] Nichtrelevantes gerät also in den Hintergrund, und die Aufmerksamkeit gilt allein den zielorientierten Handlungen. Dies geht mit Lockes Zielsetzungstheorie unmittelbar einher, denn eine präzise Zielformulierung und die Konzentration auf wenige, wichtige Ziele stellen grundlegende Bausteine seiner Zieltheorie dar. Außerdem ist auf die subjektiv geschätzte Wahrscheinlichkeit einer erfolgreichen Zielerreichung hinzuweisen, die der Theorie Vrooms entsprechend einen erheblichen Einfluss auf die Einsatzbereitschaft haben wird. Die Kommunikation und die Einbindung der Mitarbeiter in den Prozess der Zielbildung ist ein weiterer Erfolgsfaktor. Knebel bezeichnet diese Komponenten sogar als das *„Herzstück des Zielsystems"*[159] da gerade dieser Tatbestand die Identifikation der Mitarbeiter mit den Unternehmenszielen stärkt. Die Ziele des Unternehmens werden quasi zu den eigenen, die es auf jeden Fall zu erreichen gilt. Ferner wird die aktive Einbindung in den Zielbildungsprozess und diese Art der Verantwortungsübertragung dem Mitarbeiter das Gefühl geben, ein wichtiger Bestandteil im Unternehmen zu sein, ein wichtiges Glied zur Erreichung der übergeordneten Ziele. Die Anregung zur Selbststeuerung stellt einen weiteren `Motivator´ dar.

Auch das Feedback ist für den Motivationseffekt von unverkennbarer Relevanz, denn werden die Fortschritte dem Mitarbeiter konkret vor Augen geführt, wird ihnen ihre persönliche Leistung und Stärke bewusst gemacht. Die leistungssteigernde Wirkung von Rückmeldungen, die an Ziele gekoppelt sind, wurde insbesondere auch von Locke betont.[160]

Zur Gewährleistung der Gleichbehandlung der Mitarbeiter bei individueller Ausrichtung der Zielvereinbarungen sollten diese nach Möglichkeit unvergleichbaren Tätig-

---

[158] Uhl 2000, S. 46
[159] Knebel 2005, S.97
[160] Vgl. Locke/Latham 1990, S.192

keitsfelder praktiziert werden, damit eine mögliche negative Verhaltensbeeinflus-sung nach Adams vermieden wird.[161]

3.4 Das Cafeteria-System

Das Cafeteria-System stellt einen sehr modernen Ansatz im Rahmen der flexiblen Entgeltgestaltung dar. Der Leitgedanke ist hierbei, dass die Mitarbeiter innerhalb eines Budgetrahmens und Leistungsangebots zwischen verschiedenen Entgeltbestandteilen wählen dürfen.[162]

3.4.1 Gestatungsparameter von Cafeteria-sytemen

Als Gestaltungsparameter kommen grundsätzlich die Bestimmung des Leistungsangebots, des Verrechnungsmodus, die Wahlmöglichkeit und der Wahlturnus infrage.[163] Zum möglichen Leistungsangebot von Cafeteria- Systemen gehören verschiedene Versicherungsleistungen, wie die Kranken- oder die Lebensversicherung. Weiterhin zu nennen sind Sachleistungen, wie bspw. die Zurverfügungstellung von Dienstwagen, Werkswohnungen oder das Angebot von Sportmöglichkeiten. Eine im Rahmen des sich abzeichnenden Wertewandels auch der Arbeitseinstellung, zunehmend an Bedeutung gewinnende Möglichkeit ist die Abgeltung in Freizeit, die in Form von kürzeren Wochenarbeitszeiten oder längerem Urlaub etc. vorkommen kann. Außer diesen findet sich die Option der Gewinn- oder Vermögensbeteiligung. Letztlich ist die Option der Barauszahlung zu nennen.[164] Die Auflistung kann man der Abbildung entnehmen.

- **Versicherungsleistungen** Krankheit / Invalidität; Lebensversicherung
- **Sachleistungen** Werkswohnungen; Häuser; Dienstwagen; Sportmöglichkeiten
- **Abgeltung in Freizeit** frühere Pensionierung; längerer Urlaub; kürzere Arbeitszeit
- **Barzahlung** (monatlich/ jährlich)
- **Höhere Ruhegeldzahlungen**
- **Gewinn-/Vermögensbeteiligung**
- **Arbeitgeberdarlehen**

Abbildung 11: Cafeteria-Optionen   (in Anl. an Wagner 2005, S.146)

---

[161] Vgl. Galberg 2000, S.99
[162] Vgl. Nagel 1998, S.189
[163] Vgl. Dycke 1986, S. 4
[164] Vgl. Wagner 1991, S. 101

Bereits bei der Erstellung des Leistungsangebots sollte durch Mitarbeiterbefragungen unternehmensspezifisch in Erfahrung gebracht werden, welche Darbietungen erwünscht und welche von geringerer Attraktivität sind.[165] Weiterhin sollten entsprechende Informationen über Verfahren, Form und Werthaltigkeit der einzelnen Leistungen zur Transparenz und Vermeidung von Unsicherheiten und Ängste, offen gelegt werden. Damit ist Überforderungen und das Entstehen von Frustrationen vorzubeugen.[166] Beim Leistungsangebot muss zudem die Größe der finanziellen Mittel, die aus jährlichen Entgeltsteigerungen und der Umgestaltung der bis dahin angebotenen Leistungen stammen, bei gleichzeitiger Kostenneutralität beachtet werden.[167]

Mit dem **Verrechnungsmodus** werden zum einen Verrechnungspreise für die einzelnen Leistungen festgelegt, zum anderen werden die Tauschrelationen der Leistungen zueinander definiert.[168] Die Leistungshonorierung kann bspw. in Form von Leistungspunkten erfolgen, die bei Erreichung einer bestimmten Punktzahl zum Bezug einer Leistung berechtigen.[169]

Die **Wahlalternativen** können zudem, abhängig vom Leistungsangebot und dem Grad der Wahlfreiheit, in unterschiedlicher Form angeboten werden. Zu unterscheiden ist hierbei zwischen dem Kern-, Buffet- und dem sog. alternativen Menüplan, die jeweils unterschiedliche Leistungsaspekte darstellen.

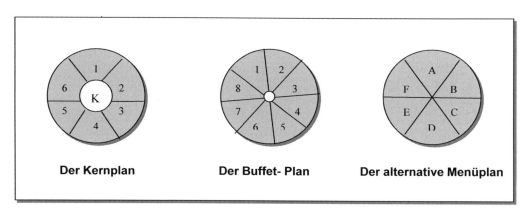

Abbildung 12: Wahlalternativen in Cafeteria-Systemen (Quelle: Wagner 2005, S.147)

---

[165] Vgl. Wagner 1991, S.95
[166] Vgl. Wagner 1991, S. 95,96
[167] Vgl. Wagner 1991, S.99
[168] Vgl. Dycke 1986, S.5
[169] Vgl. Nagel 1998, S.195

Der Kernplan kann in einen Kernblock („K" – in der Abbildung), mit aus Unternehmersicht unverzichtbaren festgelegten Leistungen, und einen Wahlblock untergliedert werden. Beim Buffetplan kann das Unternehmensmitglied unter Einhaltung der Tauschrelationen und innerhalb des Budgetrahmens beliebig aus dem Angebot wählen. Beim Buffetplan kann das Unternehmensmitglied unter Einhaltung der Tauschrelationen und innerhalb des Budgetrahmens beliebig aus dem Angebot wählen. Beim Buffetplan kann das Unternehmensmitglied unter Einhaltung der Tauschrelationen und innerhalb des Budgetrahmens beliebig aus dem Angebot wählen. Macht er von seinem Wahlrecht keinen Gebrauch, so wird ihm nur das Leistungsangebot gewährt, was er auch vor Einführung des Modells bekommen hätte. Der alternative Menüplan bestimmt sich nicht über die Bündelung von Leistungsarten, sondern nach der Bedürfnisstruktur unterschiedlicher Arbeitnehmergruppen. Es handelt sich quasi um Standardpakete, aus denen eines gewählt werden darf. Diese Form ist zwar mit weitaus geringerem Verwaltungsaufwand verbunden, aber wegen der beschränkten Wahlfreiheit eigentlich zweckentfremdet.[170]

Letztlich soll als Gestaltungselement der **Wahlturnus** genannt werden. Einzelne Leistungen, wie bspw. Ruhestandsgelder oder Versicherungsleistungen sind per se langfristig ausgerichtet. Dennoch wird auf die Notwendigkeit einer periodischen Revision der Entscheidungen hingewiesen, denn insofern werden der Anpassung der Tauschrelationen an die entsprechende Kostenverhältnisse, der Ausrichtung des Sozialbudgets an die gegebenen finanziellen Mittel und vor allem der Anpassung der gewählten Angebote an sich wandelnde Bedürfnisse Raum gegeben.[171] Letztgenanntes ist besonders bei Änderung der Lebensumstände oder etwa der Steuergesetzgebung etc. relevant.

3.4.2 Bewertung von Cafeteria-Systemen

Das Cafeteria-System basiert auf der Annahme der unterschiedlichen Wirkungsweise verschiedener Anreize bei verschiedenen Individuen. In Anlehnung an die Inhaltstheorien der Motivation kann die Aussage getroffen werden, dass eine individuelle Handhabung der unterschiedlichen Ansprüche und Motivstrukturen bei einzelnen Mitarbeitern stimulierend wirken wird. Die individuellen Präferenzen sind abhängig von Alter,

---

[170] Vgl. Wagner 1991, S. 101, 102 und Dycke 1986, S.6
[171] Vgl. Dycke 1986, S.6

Familienstand, Zukunftspläne, finanzieller Situation oder auch nur von der Dringlichkeit. Die Vermutung liegt nahe, dass die Präferenzen einer arbeitenden Mutter andere sind als die eines jungen ungebundenen Mitarbeiters; dessen Präferenzen können wiederum von denen eines Arbeiters kurz vor dem Ruhestand abweichen. Dies bedeutet, dass gerade durch die Freiheit, aus unterschiedlichen Entgelt- und Sozialleistungskomponenten wählen zu können, gewährleistet wird, den individuellen Präferenzen entsprechend zu wählen. Die aktiven und verhaltensbestimmenden Faktoren werden also gezielt angesprochen.

In Bezug auf die Prozesstheorien kann die Behauptung aufgestellt werden, dass die Motivation bei Einführung eines Cafeteria-Systems insbesondere durch den subjektiv wahrgenommenen hohen Wert des Arbeitsergebnisses erfolgt. Die Valenz, also die Wertigkeit der Zielereichung, wird sehr hoch sein. Um einen direkten Gehaltsvergleich und das potenzielle Aufkommen eines Ungerechtigkeitsgefühls nach Adams zu vermeiden, wird sogar auf die Einführung von Cafeteria-Systemen als Lösungsvorschlag hingewiesen.[172]

Bei der Umsetzung des Cafeteria- Systems ist für die Effizienzsteigerung insbesondere auf unternehmensspezifische Besonderheiten und auf länderspezifische rechtliche und steuerliche Faktoren Rücksicht zu nehmen. Weiterhin soll darauf hingewiesen werden, dass die erstmalige Einführung des Cafeteria-Systems beim mittleren und oberen Management auf Grund des geringeren Personenkreises und des größeren finanziellen Spielraumes von Vorteil ist.[173]

3.5 Die Gruppenarbeit

Die Gruppenarbeit stellt eine Form der Arbeitsorganisation dar. Als unterschiedliche Gruppenformen lässt sich grundsätzlich zwischen Vorschlagsgruppen, Qualitätszirkeln, Lernstattgruppen, Projektgruppen, Fertigungsgruppen und teilautonomen Arbeitsgruppen unterscheiden.[174] Für eine Minimaldefinition von Arbeitsgruppen werden die Kriterien genannt, dass mehrere Personen über eine gewisse Zeit und nach gewissen Regeln eine aus mehreren Teilaufgaben bestehende Arbeitsaufgabe zur Erreichung gemeinsamer Ziele bearbeiten. Wesentlich ist ferner das Vorhandensein eines Wir-

---

[172] Vgl. Scholz 2000, S.894, 895
[173] Vgl. Wagner 1991, S.99
[174] Vgl. hierzu und im Folgenden Antoni 1994, S.24

Gefühls. Grundsätzlich können die einer Arbeitsgruppe übertragenen Aufgaben nach primären und sekundären Aufgaben unterschieden werden. Während primäre Aufgaben die eigentlichen Aufgaben darstellen, die es zu erfüllen gilt, dienen sekundäre Aufgaben der Systemerhaltung und Regulation.[175] Beispielhaft werden im Folgenden die teilautonome Gruppenarbeit, der Qualitätszirkel und die Projektgruppe näher dargestellt.

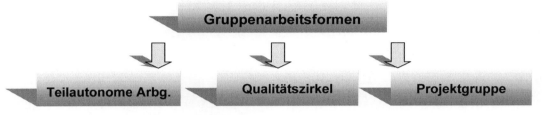

Abbildung 13: Formen der Gruppenarbeit

3.5.1 Gruppenarbeitsformen

3.5.1.1 Teilautonome Arbeitsgruppen

Unter teilautonomen Arbeitsgruppen versteht man *"funktionale Einheiten der regulären Organisationsstruktur, die konstant zusammenarbeiten und denen die Erstellung eines kompletten (Teil-)Produktes mehr oder weniger verantwortlich übertragen wurde."*[176] Wesentlich ist, dass die Arbeitsgruppe von ca. drei bis zehn Personen eine ganzheitliche Aufgabe bzw. Produkt bearbeitet und die Verantwortung für den gesamten (Teil-) Fertigungsprozess trägt. Neben den Ausführungstätigkeiten werden auch die dazugehörigen Organisations-, Planungs- und Kontrollaufgaben selbst regulierend übernommen.[177] Das Konzept vereinigt den Gedanken der Arbeitserweiterung, der Arbeitsbereicherung und des Arbeitswechsels.

3.5.1.2 Qualitätszirkel

Trotz der vielfältigen und unterschiedlichen Ausgestaltungen von Qualitätszirkel-Modellen lassen sich auch hier einige Wesensmerkmale festhalten: Der Grundgedanke von Qualitätszirkeln (QZ) ist die Beteiligung von Mitarbeitern der unteren Hierarchie-

---

[175] Vgl. Antoni 1994, S.25, 26
[176] Antoni 1994, S.35
[177] Antoni 1994, S.35

ebene auf freiwilliger Basis und in Form einer moderierten Gruppenarbeit an betrieblichen Problemstellungen.[178] Es handelt sich um Gesprächsgruppen, die i.d.R. aus sechs bis neun Teilnehmern bestehen. Sie treffen sich während der Arbeitszeit in regelmäßigen Abständen und diskutieren vorgegebene oder noch häufiger selbst gewählte Probleme aus dem unmittelbaren Arbeitsbereich. Hierbei werden Lösungsvorschläge entwickelt, initiiert, und es wird deren Umsetzung kontrolliert.[179] Vorbereitet und geleitet werden die ein- bis zweistündigen Sitzungen von einem Zirkelleiter, der in der Moderationstechnik und diversen Problemlösungsmethoden kompetent ist.[180] Diese Funktion wird häufig von dem Vorgesetzten übernommen, kann aber auch ein gewählter Kollege sein. Die besprochenen Themen werden anschließend von ihm an den Koordinator in Form eines Ergebnisprotokolls weiter geleitet.[181] Häufig tritt das Konzept der Qualitätszirkel auch in Verbindung mit anderen Gruppenaktivitäten in Erscheinung.

3.5.1.3 Projektgruppen

Bei den Projektaufgaben handelt es sich meist um umfangreiche komplexe und zeitlich befristete Aufgaben, die neben den tagesgeschäftlichen Aufgaben von den Teilnehmern zu erledigen sind. Oft befassen sich Projektgruppen auch mit einmaligen oder neuartigen Aufgaben.[182] Gegenstand eines Projektes kann bspw. die Entwicklung neuer Produkte, die Einführung neuer Verfahren oder etwa der Bau von komplexen Anlagen sein. Projektgruppen bestehen i.d.R. aus drei bis neun Personen, die sich zumeist aus dem unteren und mittleren Führungsebenen rekrutieren. Sie werden nach fachlichen Aspekten zusammengestellt und arbeiten bis zum Abschluss des Projektes zusammen. Abhängig von der Verankerung in der Organisation werden zwischen zwei Formen von Projektgruppen unterschieden: Temporär arbeitende Projektgruppen sind in die gegebene Organisation integriert. Die dem Projekt zugeordneten Mitarbeiter verrichten in ihren Abteilungen ihre reguläre Arbeit und nehmen parallel dazu von Zeit zu Zeit am Projekt

---

[178] Vgl. Antoni 1994, S.28
[179] Vgl. Bungard 1991, S.6 und Wahren 1994, S.46
[180] Vgl. Wahren 1994, S.46
[181] Vgl. Antoni 1994, S.28
[182] Vgl. Wahren 1994, S.56

teil. Bei dauerhaft arbeitenden Projektgruppen sind die Projektmitglieder aus ihrer eigentlichen Organisation ausgegliedert und arbeiten ausschließlich und dauerhaft bis zur Erreichung des Projektziels in einem Team.[183]

3.5.2 Motivationstheoretische Bewertung der Gruppenarbeit

Teilautonome Arbeitsgruppen sowie Qualitätszirkeln und Projektgruppen werden als Formen partizipativer Gruppenarbeit betrachtet und stellen motivationsfördernde Arbeitsorganisationen dar. Es konnte nachgewiesen werden, dass die Einstellung zur Arbeit in vielfacher Weise verbessert wird, Fehlzeiten und Fluktuation oft zurückgehen und der Identifikationsgrad mit der Aufgabe zu nimmt.[184] Informationen und Erfahrungen über die betrieblichen Zusammenhänge fördern das Verständnis für die eigene Arbeit, verbessern die innerbetriebliche Orientierung und erhöhen u.U. das Engagement.[185]

Bei einer Betrachtung der bestimmenden sozialen Komponenten der Gruppenarbeit treten die Faktoren der Kommunikation, der interpersonellen Beziehung und des Wir-Gefühls in den Vordergrund. Theoretisch betrachtet entsprechen diese als Motivationstreiber dem sozialen Bedürfnis nach Maslow bzw. Alderfers `Relatedness Needs.´

Die Ganzheitlichkeit der Aufgabe, die übernommene Verantwortung, die Gelegenheit zur sozialer Anerkennung und die Arbeitsleistung selbst stellen Faktoren dar, die von Herzberg als Motivatoren klassifiziert wurden – d.h. es handelt sich um Faktoren, die von den Befragten in seiner Studie als motivierend eingestuft wurden. Als Anreiz kann auch bereits die Möglichkeit zur Mitwirkung an betrieblichen Problemlösungen gesehen werden. Durch die selbst verantwortliche Lösung von Problemen und durch die Übernahme wesentlicher Steuerung- Planungs- und Kontrollaufgaben entsteht ein größerer Spielraum. Außerdem wird durch die quasi führerlose Selbstregulierung, insbesondere bei der teilautonomen Gruppenarbeit, ein Stück für die Selbstentfaltung beigetragen. Die Mitarbeit in Gruppen enthält *„Elemente einer Persönlichkeitsentwicklung."*[186]

---

[183] Vgl. Wahren 1994, S.57
[184] Vgl. Comelli/Rosenstiel 1995, S. 109
[185] Vgl. Wahren 1994, S.46
[186] Wahren 1994, S.25

Weiterhin werden durch die Tatsache, dass Problemlösungsvorschläge bei Qualitätszirkeln im Rahmen des betrieblichen Vorschlagswesens honoriert werden können, evtl. materielle Interessen angesprochen, wobei diese Komponente hier nicht zu hoch veranschlagt werden darf.[187]

Auch aus der prozesstheoretischen Perspektive lässt sich eine potenziell positive motivationale Wirkung von QZ begründen: Antoni bezieht diese Perspektive unmittelbar auf die Qualitätszirkel. Hier lässt sich unmittelbar die Schlussfolgerung festhalten, dass der motivationale Effekt für die Gruppenmitglieder umso größer sein wird, je höher sie die Anreize der QZ, und je größer sie die subjektive Wahrscheinlichkeit einschätzen, diese Ziele auch erreichen zu können.[188] Da es sich bei den Handlungszielen der QZ-Teilnehmer i.d.R. um selbst gewählte handelt, ist es gewährleistet, dass sie auch aus Sicht der Mitarbeiter wichtige Ziele sind, die dann einen um so größeren positiven Partizipationseffekt erwarten lassen. Weiterhin kann davon ausgegangen werden, dass sich die Handlungs-Ergebnis-Erwartung bspw. aufgrund der unterstützenden Funktion des Zirkelleiters oder etwa aufgrund von Erfolgserlebnissen erhöhen wird.[189]

3.6 Der Führungsstil

Unter dem Begriff des Führungsstils versteht man die *„Grundausrichtung des Führungsverhaltens eines Vorgesetzten bei der Gestaltung seiner Beziehungen zu seinen Mitarbeitern(...)"*[190] Dargestellt werden im Folgenden das Autokratische und Patriarchalische als Unterformen der autoritären Führung, die bürokratische als Exkurs und die kooperative und partizipative als Unterformen des demokratischen Führungsstils.

3.6.1 Führungsstile

3.6.1.1 Autokratischer Führungsstil

Kennzeichnend für den autokratischen Führungsstil ist die hierarchische Struktur, die klare Trennung von Entscheidung und Ausführung. Das Leitungsorgan trifft die wesentlichen Entscheidungen, und nachgeordnete Instanzen haben diese Entschlüsse unverän-

---

[187] Vgl. Antoni 1994, S.28
[188] Vgl. Antoni 1990, S.97
[189] Vgl. Antoni 1990, S.97
[190] Lattmann 1982, S.9

derlich durchzusetzen. Die eigenen Zielvorstellungen werden den von dem oberen Leitungsorgan formulierten Organisationszielen bedingungslos untergeordnet. Der Führungsstil weist einen hohen Organisationsgrad auf, und es bestehen strikte Regelungen. Das oberste Leitungsorgan ist allerdings freigestellt und kann willkürlich in Arbeitsabläufe eingreifen. Die Fremdkontrolle dominiert. Die Aufgaben- und Kompetenzbereiche sind klar definiert.[191]

In Abgrenzung zum patriarchalischen Führungsstil erfolgt die Führung durch das oberste Leitungsorgan nicht unmittelbar, sondern durch den Einsatz eines hierarchisch gegliederten Apparates. Außerdem kann die Spitze auch mehrere Personen umfassen. Heute findet sich dieser Stil häufig auch in der modifizierten Form, bei der die hierarchischen Vorgesetzten ebenfalls über einen gewissen Autonomiebereich und Entscheidungskompetenz verfügen.[192] Von dieser `gemäßigten´ Form soll auch im Folgenden ausgegangen werden.

3.6.1.2 Patriarchalischer Führungsstil

Das patriarchalische Führungsbild leitet sich ursprünglich von der Autorität des Familienvaters ab. Übertragen auf die Unternehmung bedeutet das, dass der Herrschaftsanspruch durch Eigentums-, Generationen- und Reifeunterschiede begründet wird. Der Patriarch hat die Alleinentscheidung, ihm obliegt die unmittelbare Kontrolle.[193] Der Regelungs-, Formalisierungs- und Organisationsgrad ist in der Regel sehr schwach, da es keinerlei Zwischeninstanzen gibt und der Patriarch vielmehr mit dispositiven, improvisierenden Regelungen führt. Dies bedingt unmittelbaren Kontakt und persönliche Beziehung zwischen Führendem und Geführten auf der Basis von Vertrauen und Respekt. Die Bindung der Mitarbeiter an das Führungssystem ist stark ausgeprägt. Der patriarchalische Führungsstil kommt heute modifiziert noch in kleineren Unternehmen vor.[194]

---

[191] Vgl. Baumgarten 1977, S.37
[192] Vgl. Baumgarten 1977, S.38
[193] Vgl. Baumgarten 1977, S.34
[194] Vgl. Baumgarten 1977, S. 36

3.6.1.3 Bürokratischer Führungsstil

Beim autokratischen Führungsapparat ist der bürokratische Führungsstil gesondert zu erwähnen. Hierbei werden die unumschränkte Weisungsbefugnis und die autokratische Willkür ersetzt durch das Reglement bürokratischer Instanzen. Charakteristisch für das bürokratische Führungssystem ist neben der hierarchischen Struktur vor allem das Vorherrschen eines Systems abstrakter Regelungen, klar festgelegte Rechte und Pflichten der Positionsinhaber und die auf Spezialisierung beruhende Arbeitsteilung.[195] Es herrscht eine extreme Form der Reglementierung durch Richtlinien, Stellenbeschreibungen und Dienstanordnungen.[196] Die zwischenmenschlichen Beziehungen sind weit gehendst unpersönlich.

3.6.1.4 Partizipativer Führungsstil

Der Begriff des partizipativen Führungsstils kann auf Lattmann zurück geführt werden. Bei einem partizipativen Führungsstil ist das Hauptstreben auf die *„äussere und innere Teilnahme am Unternehmensgeschehen"*[197] gerichtet. Der Mitarbeiter erfährt Anerkennung als Werte tragendes Subjekt. Ziele werden gemeinsam mit den Vorgesetzten erarbeitet. Die Aufgabenerfüllung geschieht autonom und eigenverantwortlich und unter Ausrichtung auf die Unternehmensziele.[198] Oft wird synonym für den partizipativen Stil der Begriff des kooperativen Stils verwendet, was eine Abgrenzung erschwert.

3.6.1.5 Kooperativer Führungsstil

Definitionsgemäß ist die Beteiligung des Mitarbeiters am Entscheidungsprozess wesentlich. Die Entscheidungen werden im Idealfall in der Arbeitsgruppe bzw. von der Abteilung mehrheitlich getroffen. Der Vorgesetzte ist den Mitarbeitern innerhalb der Arbeitsgruppe gleich berechtigt und fungiert lediglich als Koordinator. Die Trennung zwischen Entscheidung und Ausführung entfällt – der Mitarbeiter führt die Entscheidung, an der er auch mitgewirkt hat, eigenverantwortlich aus.[199] Der kooperative Führungsstil setzt

---

[195] Vgl. Baumgarten 1977, S. 38
[196] Vgl. Hentze/Brose 1990, S. 104
[197] Lattmann 1982, S. 21
[198] Vgl. Lattmann, 1982, S. 18, 19
[199] Vgl. Baumgarten 1977, S.39

eine weit gehende Aufgaben-, Kompetenz- und Verantwortungsdelegation voraus.[200] An zweiter Stelle rangiert die Qualität der interpersonellen Beziehungen, vor allem i. S. *"von partnerschaftlicher bzw. gruppenbezogener Orientierung."*[201] Die Zusammenarbeit beruht auf Vertrauen und gegenseitige Bedürfnisbefriedigung. Die Selbstverwirklichung des Mitarbeiters ist ein Grundwert.[202] Der Ziel-Leistungs-Aspekt, also die zielorientierte Erfüllung gemeinsamer Aufgaben, steht stets im Vordergrund. Es herrschen stark ausgeprägte Informations- und Kommunikationsbeziehungen. Eventuell auftretende Konflikte werden durch Aushandeln und Verhandeln geregelt. Formalisierungs- und Organisationsgrad sind vom minimalem Ausmaß.[203]

3.6.2 Motivationstheoretische Bewertung der Führungsstile

Die Vermutung, der demokratische Führungsstil verbürge per se eine höhere Leistungsmotivation, lässt sich nicht empirisch bestätigen.[204] Eine Reihe von Untersuchungen verweisen zwar auf eine positive Beziehung zwischen der Entscheidungspartizipation und dem Leistungsanstieg, doch liegen auch Ergebnisse vor, die einen negativen Zusammenhang bezeugen. Dies legt die Annahme nahe, dass die Motivationswirkung abhängig von `Situationsfaktoren´ ist. Dies bedeut, dass ein Führungsstil in einer der Situationen effektiv sein kann – nicht aber in einer anderen. Derartige `Situationsbedingungen´ stellen zum einen Persönlichkeitsmerkmale dar, wie bspw. die Qualifikation, der religiös-soziale Hintergrund oder Einstellungen, zum anderen Umweltfaktoren oder Charakteristika der Organisationsstruktur, wie Technologie, Art der Aufgabe und Unternehmenspolitik etc. Eine kooperative Führung wird insbesondere bei der Lösung schwieriger und kreativer Aufgaben, und umgekehrt, ein autokratischer leistungswirksamer bei einfachen Routineaufgaben sein.[205]

Vorgesetzten – Untergebenen- Beziehungen ordnet Herzberg als Hygienefaktor ein. Ihm zufolge kann dies nicht zur Motivation beitragen und bei Nicht-Ausübung des erwünschten Führungsstils Unzufriedenheit zur Folge haben. Bei dem kooperativen Führungsstil werden Mitarbeiterbedürfnisse nach Selbständigkeit, Selbstentfaltung und Verantwortung weitgehendst angesprochen. Der Verwirklichung eigener Arbeitsvorstel-

---

[200] Vgl. Baumgarten 1977, S.42, 43
[201] Wunderer 1995, Sp.1371
[202] Vgl. Wunderer 1995, Sp. 1372
[203] Vgl. Baumgarten 1977, S.40
[204] Vgl. Schreyögg 1978, S.12
[205] Vgl. Schreyögg 1978, S. 13

lungen wird Raum gegeben. Dadurch wird die Identifikation des Mitarbeiters mit den Unternehmensinteressen gestärkt. Voraussetzung für die motivationale Wirkung der kooperativen Führung ist hier insbesondere abhängig von ihrer relativen Bedeutung in der realen Arbeitssituation, wie bspw. des Grads der Arbeitsteilung und Ablauforganisation.[206] Durch einen autoritären Führungsstil werden lediglich physiologische und Sicherheitsbedürfnisse angesprochen, die sozialen kaum. Bei der patriarchalischen Führung wird zudem in begrenztem Maß sozialen Bedürfnissen entsprochen.[207]

Aus den Prozesstheorien lassen sich keine eindeutigen Beziehungen zur Motivation herstellen. Es könnte lediglich formuliert werden, dass ein Führungsstil dann motivierend wirkt, wenn er mit den Erwartungen des Mitarbeiters einhergeht.

3.7 Unternehmenskultur

3.7.1 Das Wesen der Unternehmenskultur

Unternehmenskultur wird allgemein definiert als *„die Gesamtheit von geteilten Normen, Wertvorstellungen und Denkhaltungen, die das Verhalten der Mitarbeiter aller Stufen und somit das Erscheinungsbild eines Unternehmens prägen."*[208] Die Unternehmenskultur beeinflusst das Denken, Handeln und Fühlen der Mitarbeiter und manifestiert sich in deren Handlungen und Artefakten. E. Schein (1995) unterscheidet zwischen drei Ebenen der Kultur, wie in der Abbildung dargestellt, wobei sich der Begriff der Ebene am Grad der Sichtbarkeit eines Kulturphänomens orientiert.[209]

---

[206] Vgl. Wunderer 1995, Sp.1378
[207] Vgl. Widemann 1996, S.197
[208] Köbi/Wüthrich 1986 1986, S.13
[209] Vgl. Schein 1995, S.29

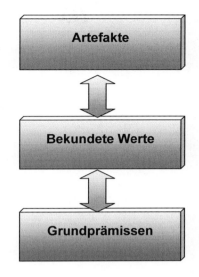

Abbildung 14: Ebenen der Kultur nach Schein (Quelle: Schein 1995, S.30)

Die Ebene der Artefakte umgreift alle Phänomene, die gesehen, gehört und gefühlt werden können, wenn man einer fremden Kultur begegnet. Hierzu gehören bspw. Sprache, Technologie, Produkte und Architektur, die über die Kleidung, die Art des Sprechens, die Gefühlsäußerungen, die Unternehmenslegenden und über Rituale und Zeremonien ihren Ausdruck finden. Wesentlich für diese Ebene ist, dass die Unternehmensstrukturen und -Prozesse zwar sichtbar und leicht zu beobachten aber nur schwer zu entschlüsseln sind.[210] Die Ebene der `bekundeten Werte´ umfasst sowohl Normen und Regeln als auch Ziele und Strategien, die die verhaltenbezogenen Leitlinien für die Gruppenmitglieder darstellen. Die Normen umschreiben hierbei erwartete Denk- und Verhaltensweisen der (Gruppen-) Mitglieder. Doch auch die bekundeten Werte liefern nicht immer eine Erklärung für die Verhaltensweisen bzw. Artefakte. Um diese Struktur dennoch entschlüsseln zu können, bedarf es eines umfassenderen Verständnisses der grundsätzlichen Annahmen. Die tiefste Kulturebene bezeichnet Schein als Ebene der Grundprämissen. Diese stellt die Basis der Unternehmenskultur da. Grundprämissen stellen unbewusste, allerdings selbstverständliche Anschauungen, Wahrnehmungen und Gefühle dar und sind die Essenz jeder Kultur.[211] Die Prämissen weisen dabei eine so stark prägenden Charakter auf, dass für die Mitglieder eine auf

---

[210] Vgl. Schein 1995, S.31 und für d. Folgende S.32
[211] Schein 1995, S.33, 30

eine andere Grundannahme stützende Verhaltensweise unvorstellbar ist. Hieraus folgt, dass für das Verständnis der Kultur einer Gruppe das Erkennen ihrer Grundannahmen und des Lernprozesses, in dem diese entstehen, unumgänglich ist.[212] Schein postuliert, dass jede (Gruppen-)Kultur auf der Ebene ihrer Artefakte, ihrer bekundeten Werte und ihrer Grundprämissen studiert werden kann. Nur die Entschlüsselung der Grundannahmen eröffnet den Weg für das Verständnis der Werte und Artefakte.[213]

Als Strategien und Instrumente zum Management der Unternehmenskultur wird auf ein kulturbewusstes Management hingewiesen. Unverzichtbar ist die Aufstellung eines Leitbildes, das die grundsätzlichsten Vorstellungen über die anzustrebenden Ziele und Verhaltensweisen enthält.[214] Ein kulturbewusstes Management erfolgt weiterhin durch die bewusste Reflexion, Pflege und Vorleben von Werten durch Führungspersonen, durch das Aufbauen „*symbolischer Sinnpotentiale*"[215] und durch die Kommunizierung, also Vermittlung und Weitergabe der Unternehmenskultur.

3.7.2 Funktionen der Unternehmenskultur

Um den Einfluss der Unternehmenskultur auf die Motivation analysieren zu können, bedarf es der Darstellung der einzelnen Funktionen. Diese sind Stabilitätserhaltung, Sinngebung, Orientierungsgebung und Komplexitätsreduktion:[216]

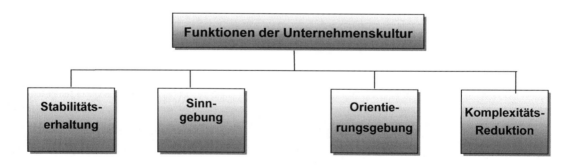

Abbildung 15: Funktionen der Unternehmenskultur

---

[212] Vgl Schein 1995, S.34
[213] Vgl. Schein 1995, S.33
[214] Vgl. Dill 1987, S.249, 255
[215] Dill, 1987 S.279 und für Folgende S.283
[216] Vgl. Sackmann 2002, S. 80

Da eine Unternehmenskultur wichtige unternehmensspezifische Überzeugungen, Praktiken und Routinen bewahrt und diese stets über neue Mitarbeitergenerationen hinweg weitergibt, wird eine Basis für Stabilität und Kontinuität geschaffen. Eine auf Stabilität und Kontinuität beruhende gemeinsame Interpretations- und Kommunikationsbasis ermöglicht wiederum erst koordiniertes Handeln.[217] Unternehmenskultur trägt zur Komplexitätsreduktion bei. Eine Unternehmenskultur selektiert für die Unternehmensmitglieder Informationen, kategorisiert sie nach ihrer Wichtigkeit und gibt den Mitarbeitern das *„kulturadäquate Script"*[218] mit, das sie zu einer situationsgerechten Verhaltensweise verleitet. Die Mitarbeiter bekommen das feeling vermittelt, wie sie sich unternehmenskonform verhalten. Weiterhin dient die Unternehmenskultur der Sinngebung, wenn sie denn nicht nur existent, sondern auch verinnerlicht ist. Verdeutlicht werden muss vor allem die Abgrenzung zu den anderen Unternehmungen und die Einzigartigkeit. Die inhaltliche Ausgestaltung der Unternehmenskultur muss zeigen, dass sich der Einsatz für gerade dieses Unternehmen lohnt. Aus der Kombination der drei oben erwähnten Funktionen der Stabilitäts- und Kontinuitätserhaltung, der Komplexitätsreduktion und Sinngebung ergibt sich ferner die Funktion der Orientierungsgebung. Den Unternehmensmitgliedern wird gezeigt, welche Prioritäten gelten, wie Prozesse ablaufen, wie der richtige Umgang miteinander, den Kunden, Lieferanten oder dem Vorgesetzten gegenüber ist.[219]

3.7.3 Bewertung der Unternehmenskultur

Abhängig von der inhaltlichen Ausgestaltung, der strategischen Ausrichtung und der Verinnerlichung kann die Unternehmenskultur den Motivationsgrad einer Gruppe, einer Abteilung oder dem Unternehmen bestimmen. Kann die eigene Tätigkeit in ein größeres Ganzes eingeordnet werden, wird dem eigenen Tun und Dasein ein bedeutenderer Sinn verliehen. Dieses Bewusstsein, als Unternehmensmitglied einen Beitrag für die Erreichung eines übergeordneten Ziels zu leisten, erhöht die Motivation im außerordentlichen Maß.[220] Unternehmenskultur beeinflusst die Wahrnehmungsselektion und die Informationsverarbeitung. Sie wirkt sich sowohl positiv auf die Motivation des Einzel-

---

[217] Vgl. Sackmann 2002, S. 39
[218] Sackmann 2002, S. 40
[219] Vgl. Sackmann 2002, S. 41
[220] Sackmann 2002, S. 81

nen als auch auf die von Gruppen und daher auch unmittelbar auf die Leistungsbereitschaft und Leistung aus.[221] Als Motivationsinstrument ist sie nicht von heute auf morgen einsetzbar und bedarf einer langfristigen und bedachten Entwicklung. Unternehmenskultur erschöpft sich nicht im Tragen eines Hemdes aller Teilnehmer von bestimmter Farbe. Wesentlich ist vielmehr die grundsätzliche Identität der Mitarbeiter mit den Unternehmensstrategien und Konzepten, Handlungsweisen, Symbolen, Unternehmensaufgaben und vor allem Unternehmenszielen.[222]

Unter Zugrundelegung der Inhaltstheorien als Bezugsrahmen kann erwartet werden, dass eine starke Unternehmenskultur „*im Falle einer hinreichenden Sicherung ihrer `Existence-Bedürfnisse´ ihrem Wunsch nach mehr `Relatedness´ und `Growth´ erfüllen kann.*"[223] Zurückgeführt wird dies auf die Tatsache, dass eine starke Unternehmenskultur einen „*glaubwürdigen Sinnzusammenhang des unternehmerischen Handelns*"[224] vermittelt und dadurch zu einer erhöhten Bedürfnisbefriedigung beitragen kann. Im Rückgriff auf die Zwei-Faktoren- Theorie ist erkennbar, dass eine starke Unternehmenskultur beide Herzbergschen Faktoren anspricht, folglich werden sowohl Unzufriedenheit vermieden als auch Motivatoren bestärkt.[225] Letztlich soll als motivationales Element allgemein das `Commitment´, also der unternehmenskulturelle Basiskonsens genannt werden, der zur Entstehung einer für die Unternehmensmitglieder befriedigenden Form der Zusammenarbeit führt.

Außerdem ergänzt eine starke Unternehmenskultur, also ein gemeinsamer Konsens über grundlegende Werte, Normen und Einstellungen, nicht nur die herkömmlichen Führungsinstrumente – wie bspw. die Delegation und Partizipation - sondern verstärkt auch ihre Wirkungen.[226]

---

[221] Vgl. Sackmann, S. 83
[222] Vgl. Schmitt-Siegel 1990, S. 66
[223] Dill 1987, S. 159
[224] Dill 1987, S. 159
[225] Vgl. hierzu und im Folgenden Dill 1987, S. 212
[226] Vgl. Dill 1987, S. 212

3.8 Zusammenfassende Betrachtung der Motivationsinstrumente

Die Profilelemente der dargestellten Motivationsinstrumente weisen in vielfacher Weise die in den Inhaltstheorien postulierten verhaltensbestimmenden Faktoren auf. Aus prozesstheoretischer Perspektive liefert oftmals Vrooms VIE-Theorie eine einsichtige Erklärung für die Motivation.

Mit dem Leistungslohn und den Mitarbeiterbeteiligungen werden in erster Linie materielle Bedürfnisse angesprochen. Zusätzlich erklärt sich beim Leistungslohn die Motivation aus der unmittelbaren Erkennbarkeit des Leistungs- Ergebnis- Zusammenhangs. Beteiligungsmodelle motivieren zudem, in dem sie die Mitarbeiter in das Unternehmen nicht nur monetär und rechtlich, sondern auch psychologisch einbinden. Das Cafeteria-System eröffnet die Möglichkeit als flexibles Entgeltsystem, insbesondere individuelle Bedürfnisse anzusprechen. Außerdem wird auf Grund der Wahlfreiheit die Valenz sehr positiv bewertet. Bei Zielvereinbarungen erklären neben den inhaltstheoretischen Motivationsfaktoren der Eigenverantwortung, Partizipation und der Kommunikation gerade die Prozesstheorien motiviertes Verhalten. Insbesondere Lockes Zieltheorie weist eine hohe Affinität zur Praxis von Zielvereinbarungen auf. Jegliche Formen der Gruppenarbeit stimulieren in erster Linie mit immateriellen Komponenten der Verantwortungsdelegation und Arbeitsbereicherung, sowie Anerkennung und Selbstentfaltung etc. unter der Voraussetzung der Stimmigkeit der äußeren Rahmenbedingungen, wie Organisationsstruktur und Aufgabenart. Ein demokratischer bzw. kooperativer Führungsstil verstärkt diese Motivationskomponenten unter bestimmten Voraussetzungen ebenfalls. Auch der autoritäre und patriarchalische Führungsstil kann zur Arbeitsleistung motivieren, wenn dieser der Aufgabenstruktur und Ablauforganisation und vor allem den Mitarbeitererwartungen entspricht.

Die motivierenden Faktoren ergeben sich bei der Unternehmenskultur primär aus den Funktionen der Stabilitätserhaltung, Sinn- und Orientierungsgebung und der Komplexitätsreduktion. Eine starke Unternehmenskultur fördert die Identifikation mit den Unternehmenszielen und -Strategien, das Wir-Gefühl und das Selbstwertgefühl.

4 Die kulturelle Perspektive

4.1 Grundlagen der Kultur

4.1.1 Zum Begriff der Kultur

Eine der interkulturellen Managementforschung zugrunde liegende Definition des Begriffes `Kultur´ liefert von Keller mit der Umschreibung als: *„sämtliche kollektiv geteilten, impliziten oder expliziten Verhaltensnormen, Verhaltensmuster, Verhaltensäußerungen und Verhaltensresultate, die von den Mitgliedern einer sozialen Gruppe erlernt und mittels Symbolen von Generation zu Generation weitervererbt werden."*[227] Kultur ist also ein menschengeschaffenes, überindividuelles Phänomen, das sämtliche Normen und Verhaltenskodices einer sozialen Gruppe umfasst. Sie stellt das soziale Erbe einer Gesellschaft dar und wird erlernt.[228] Hofstede definiert Kultur kurz und knapp als das `mentale Programm´ der Gesellschaftsmitglieder, dessen Quellen im sozialen Umfeld, in dem man aufgewachsen ist, liegen.[229] Ähnlich dem (Unternehmens-)Kultur- Modell von Schein sollen auch hier die Komponenten einer Kultur metapherartig in Form einer Zwiebel dargestellt werden: Während im Inneren der Zwiebel die tief gehendsten Verinnerlichungen und Grundprämissen ruhen, finden sich nach außen hin die sichtbaren Kulturäußerungen.[230]

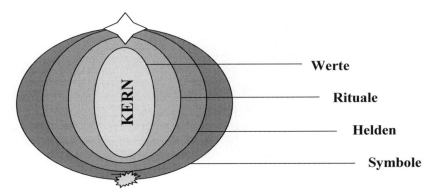

Abbildung 16: Kulturzwiebel   (Quelle: Blom 2002, S. 41)

---

[227] v. Keller 1987, S. 118
[228] v. Keller 1987, S. 115, 117
[229] Vgl. Hofstede 2001, S. 3
[230] Vgl. Blom 2002, S. 40

Vereinfacht dargestellt beschreibt die äußere Haut der Kulturzwiebel direkt wahrnehmbare Zeichen – also Symbole – einer Kultur. Unter Symbole sind auch hier Worte, Gesten, Bilder, Kleidung und Objekte zu verstehen, die nur von denen, die der gleichen Kultur angehören, als solche erkannt werden. Symbole unterliegen einer dynamischen Entwicklung, denn sie verändern sich stets, und können von anderen kulturellen Gruppierungen einfach nachgeahmt werden. Helden – hier in der Abbildung die zweite Schale der Zwiebel - sind Verhaltensvorbilder, die in der Kultur hoch angesehene Eigenschaften verkörpern. Die Heldenfiguren können hierbei tot oder lebend, echt oder fiktiv sein.[231] Die nächste Tiefenebene stellen die Rituale dar. Sie werden verwendet für die Beschreibung kollektiver Tätigkeiten, die eigentlich überflüssig sind und um ihrer selbst willen ausgeübt werden, die aber zugleich innerhalb der Kultur als soziale Notwendigkeit erachtet werden. Beispiele dafür sind die Formen des Grüßens oder etwa religiöse Zeremonien. Werte sind die allgemeine Neigung „*bestimmte Umstände anderen vorzuziehen.*"[232] Werten obliegt die Unterscheidung bspw. von gut und böse, von häßlich und schön und normal und anomal. Der Kern dagegen wird von den Grundannahmen über die Existenz bestimmt. Auf den Kern einer Kultur sind also grundsätzliche Unterschiede in den Wertvorstellungen zurückzuführen.[233]

Zur Analyse, inwiefern die Kultur als Rahmenbedingung für ökonomische Prozesse wirken kann, bedarf es zunächst einer systematischen Erforschung und Abstrahierung von kulturell bedingten Unterschieden. Dieser Problematik sind die Studien von Geert Hofstede und Fons Trompenaars gewidmet. Mit ihrer Dimensionierung von Kulturen anhand bestimmter Merkmale ermöglichen sie nicht nur die Analyse von kulturellen Unterschieden, sondern auch die Zusammenfassung von ähnlichen Kulturen zu sog. Kultur-Clustern. Vor allem aber treffen sie Aussagen über ihre jeweiligen Auswirkungen auf die Arbeitswelt.

Im folgenden Abschnitt werden die genannten kulturvergleichenden Studien, die auf diesem Gebiet als die wichtigsten zu bezeichnen sind, vorgestellt.

---

[231] Hofstede 2001, S. 8
[232] Hofstede 2001, S. 9
[233] Vgl. Trompenaars 1993, S. 41

4.1.2 Kultureinteilung nach Hofstede

In einem Forschungsprojekt von Hofstede, das nationenübergreifend unter Angestellten der Firma IBM mithilfe statistischer Verfahren durchgeführt wurde, konnten unterschiedliche Dimensionen ermittelt werden, die die Kultur des Landes prägen. Als führende Größen erkannte Hofstede die vier Dimensionen Machtdistanz, Individualismus, Maskulinität und Unsicherheitsvermeidung.[234] (Die Dimension der `langfristigen Orientierung´ wurde später hinzugefügt.) Für jedes der untersuchten 111 Länder wurden für jede Dimension Wertzuordnungen in Form eines Index erstellt, wobei die Punktzahlen die jeweilige relative Position des jeweiligen Landes repräsentieren. Des Weiteren interpretiert Hofstede die erzielten Werte und postuliert, dass sich je nach Ausprägung einer Kulturdimension Auswirkungen u.a. auf die Unternehmensführung ergeben. Hofstede ist also bezüglich der Übertragbarkeit von Managementinstrumenten eindeutig dem kulturabhängigen Partikularismus-Ansatz zuzuordnen, bei dem einer universellen Übertragbarkeit auf andere Kulturen mit vehementer Skepsis begegnet wird. Im Folgenden sollen seine Kulturdimensionen dargestellt werden:

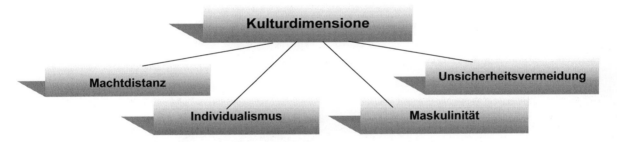

Abbildung 17: Kulturdimensionen nach Hofstede

4.1.2.1 Dimension der Machtdistanz

Machtdistanz definiert Hofstede als „*das Ausmaß, bis zu welchem die weniger mächtigen Mitglieder von Institutionen bzw. Organisationen eines Landes erwarten und akzeptieren, dass Macht ungleich verteilt ist*"[235] – wobei unter Institutionen Familie, Schule und die Gemeinschaft und unter Organisation der Arbeitsort zu verstehen ist. In Gesellschaften mit geringer Machtdistanz muss der Einsatz von Macht stets legitimiert

---

[234] Vgl. Hofstede 1993, S.38)
[235] Hofstede 1993, S.42

sein. Bevorzugt wird in jeder Ebene die Machtteilung.[236] Eine Ungleichheit unter den Menschen und hierarchische Strukturen überhaupt werden weit gehendst vermieden. Privilegien und Statussymbole werden missbilligt, und auch die Gehaltsunterschiede in den unterschiedlichen Hierarchieebenen sind relativ gering. Es herrscht die Tendenz zur Dezentralisation; die Mitarbeiter können sich partizipieren und werden in Entscheidungen mit einbezogen.[237] Länder mit großer Machtdistanz dagegen zeigen eine starke hierarchische Einteilung der Gesellschaft in sozialer, macht- und einkommensbezogener Hinsicht. Neben dem Konkurrenzdenken unter den Mitarbeitern herrscht ein ausgeprägtes Autoritätsdenken, das dem Vorgesetzten die Rolle des Autokraten zuweist. Die emotionale Distanz ist relativ groß – die Mitarbeiter widersprechen ihrem Vorgesetzten kaum.[238]

Aus dem Punktwerten ergab sich, dass insbesondere bei lateinamerikanischen Ländern, wie Mexiko, Panama und Guatemala und den Ländern Südostasiens, wie Malaysia und Indonesien sehr hohe Machdistanzindex-Werte (MDI) zu verzeichnen sind. Geringe MDI-Werte ergaben sich hingegen in Skandinavien, Dänemark, Deutschland und Österreich sowie in den USA und Großbritannien, wie der Tabelle zu entnehmen ist. An dieser Stelle sollen verkürzt lediglich die beiden Extremzonen der höchsten und geringsten MDI-Werte (kursiv gedruckte Länder) - sowie einiger die für diese Arbeit empirisch bedeutende Länder aufgezeigt werden:

Rang	Land/Region	MDI-Punkte	Rang	Land/Region	MDI-Punkte
1.	*Malaysia*	104	33.	Japan	54
2./3.	*Guatemala*	95	38.	USA	40
2./3.	*Panama*	95	42./44.	BRD	35
4.	*Philippinen*	94	45.	Schweiz	34
5./6.	Mexiko	81	51.	*Dänemark*	18
15./16.	Frankreich	68	52.	*Israel*	13
38.	USA	40	53.	*Österreich*	11

Tabelle 1: Machtdistanzindex (entnommen aus Hofstede 1993, S. 40)

---

[236] Vgl. Hofstede 1993, S.57
[237] Vgl. Hofstede 1993, S.52
[238] Vgl. Hofstede 1993, S.42, 52

4.1.2.2   Dimension des Kollektivismus

Als kollektivistisch bezeichnet Hofstede Gesellschaften, in denen das Gruppeninteresse über dem des Individuums steht. Der Mensch wird in eine starke Wir-Gruppe integriert, die ihm Schutz entgegenbringt und dafür im Gegenzug „*bedingungslose Loyalität*"[239] erhält. In kollektivistisch geprägten Gesellschaften werden das Privatleben und die Meinungsbilder über das `soziale Netzwerk´ bestimmt. Harmonie und Konsens werden in der Gesellschaft stark betont – Auseinandersetzungen vermieden. Die Beziehung zwischen dem Arbeitnehmer und dem Arbeitgeber ist moralisch geprägt. Die „*Beziehung hat Vorrang vor der Aufgabe.*"[240] Das Management zielt auf das Management von Gruppen ab. Der Arbeitnehmer wird primär als ein Mitglied der Gruppe angesehen und niemals nur als Individuum. Erwartet wird, dass die Interessen der Gruppe vor die Eigeninteressen gestellt werden, auch wenn diese gelegentlich konfliktär sein sollten.[241]

Die Gesellschaften, bei denen umgekehrt das Interesse des Individuums bedeutender ist als das Interesse der Gruppe, sind dagegen – seiner Definition nach - individualistisch geprägt.[242] Die Bindungen zwischen den Menschen sind lockerer, es gilt, primär für sich und die unmittelbare Familie zu sorgen. Individualistische Gesellschaften geben den individuellen Interessen den Vorrang vor den kollektiven. Es wird großen Wert auf Privatsphäre, Autonomie und Meinungsfreiheit gelegt; die Selbstverwirklichung des Individuums steht im Vordergrund. Die Arbeitgeber-Arbeitnehmer Beziehung basiert auf dem Prinzip des „gegenseitigen Nutzens"[243] Hier hat stets die Aufgabe Vorrang vor Beziehungen. Gemanaget werden stets Individuen. Vom Arbeitnehmer wird erwartet, dass er in Einklang mit den Unternehmensinteressen seinem Eigeninteresse nachgeht.

Aus den verzeichneten Individualismusindex-(IDV)-Werten ergab sich, dass Nordamerika und insbesondere der Norden Europas einen hohen IDV-Punktwert aufweisen, Südamerika und viele südostasiatische Länder hingegen einen nur sehr geringen.

---

[239] Hofstede 1993, S.67 und für das folgende, S.67f
[240] Hofstede 1993, S.84
[243] Hofstede 2001, S. 70f
[242] Vgl. Hofstede 1993, S.66f
[243] Hofstede 1993, S.84

Rang	Land/ Region	IDV-Punkte	Rang	Land/ Region	IDV-Punkte
1.	*USA*	91	18.	Österreich	55
2.	*Australien*	90	22/23	Japan	46
3.	*GB*	89	28.	Türkei	37
4./5.	Kanada	80	32.	Mexiko	30
4./5.	Niederlande	80	51.	*Panama*	11
10./11.	Schweden	71	52.	*Ecuador*	8
15.	BRD	67	53.	*Guatemala*	6

Tabelle 2: Individualismusindex   (entnommen aus Hofstede 1993, S.69)

Hieraus erkennt Hofstede die enge Beziehung zwischen dem IDV-Wert und Reichtum eines Landes. Während fast alle wohlhabenden Länder einen hohen IDV-Wert erreichen, weisen die ärmeren Länder i.d.R. einen geringen Wert auf.[244] Weiterhin ist eine negative Korrelation der Dimensionen Individualismus und Machtdistanz zu erkennen, d.h., Länder, bei denen die Machtdistanz hoch ist, haben einen niedrigen Individualismus – Punktwert, sie sind eher kollektivistisch geprägt, wohingegen Länder mit geringer Machtdistanz i.d. Regel individualistisch geprägt sind.[245]

4.1.2.3   Dimension der Maskulinität

Mit der Maskulinität werden Gesellschaften definiert, bei denen die Geschlechtsrollen klar voneinander abgegrenzt sind. *„Männer haben bestimmt, hart und materiell orientiert zu sein, Frauen müssen bescheidener und feinfühlig sein und Wert auf Lebensqualität legen"*[246] Es wird also geschlechtsspezifisch unterschieden, was das Zeigen von Emotionen und die Verteilung von Aufgaben angeht.

Die Feminität kennzeichnet Gesellschaften, in der sich die Geschlechtsrollen von Mann und Frau überschneiden. Feminin geprägte Kulturen legen einen großen Wert auf die zwischenmenschlichen Beziehungen und das Bewahren sozialer kultureller Werte. An Frauen und Männer werden die gleichen Erwartungen gestellt, d.h. die Arbeit am

---

[244] Vgl. Hofstede 2001, S.69
[245] Vgl. Hofstede 2001, S.70
[246] Hofstede 1993 S.101

Arbeitsplatz und im Haushalt wird zu gleichen Maßen verteilt.[247] Betont wird vor allem Gleichheit, Solidarität und Qualität des Arbeitslebens. Führungspersonen streben den Konsens an und suchen nach Kommunikation und Kompromiss. Der guten Beziehung zum Vorgesetzten, der Zusammenarbeit, einer angenehmen Umgebung und der Sicherheit am Arbeitsplatz wird besondere Bedeutung beigemessen. Belohnt wird nach dem Ideal des Wohlfahrtsstaates nach dem Bedürfnis. [248]

In maskulinen Gesellschaften wird Einkommen, Statussymbolen und Anerkennung, Beförderung und Herausforderung durch die Arbeit eine große Wertigkeit zugesprochen. Vom Vorgesetzten wird stets ein bestimmtes und entschlussfreudiges Vorgehen erwartet. Das Wettbewerbsverhältnis ist dominant, Konflikte werden i.d.R. ausgetragen; sympathisiert wird stets mit dem Starken. Belohnt wird auf dem Gerechtigkeitsprinzip, beruhend auf Leistung.[249] Hierbei steht der Maskulinitätsindex (MAS) in keinerlei Beziehung zur wirtschaftlichen Stärke eines Landes; es sind sowohl reiche und arme maskuline als auch feminine Länder zu verzeichnen. Maskulin geprägt sind an erster Stelle Japan und Österreich, aber auch Länder wie Italien und die Schweiz. Auffällig ist, dass die skandinavischen Länder und die Niederlande eine sehr feminine Orientierung aufweisen, wie die folgende Tabelle verdeutlicht.

Rang	Land/Region	MAS-Punkte	Rang	Land/Region	MAS-Punkte
1.	Japan	95	15.	USA	62
2.	Österreich	79	35./36.	Frankreich	43
3.	Venezuela	73	47.	Finnland	26
4./5.	Schweiz	70	50.	Dänemark	31
6.	Mexico	69	51.	Niederlande	14
9./10.	Deutschland West	66	52.	Norwegen	8
9./10.	GB	66	53.	Schweden	5

Tabelle 3: Maskulinitätsindex (entnommen aus Hofstede, S. 103)

---

[247] Vgl. Hofstede 1993, S. 123
[248] Vgl. Hofstede 1993, S. 112, 100
[249] Vgl. Hofstede 1993, S. 115, 100

4.1.2.4 Dimension der Unsicherheitsvermeidung

Unsicherheitsvermeidung wird definiert als der Grad, „in dem die Mitglieder einer Kultur sich durch ungewisse oder unbekannte Situationen bedroht fühlen"[250] Dies drückt sich in dem Wunsch nach Vorhersehbarkeit und Eindeutigkeit aus, denn durch starke Unsicherheitsvermeidung geprägte Länder haben ein relativ hohes Angstniveau. Das Bedürfnis nach Gesetzen und konkreten Regeln ist sehr groß. Beschrieben werden die Menschen aus diesen Nationen als unruhig, emotional und aggressiv, sie sind geprägt vom subjektivem Stressgefühl – wohingegen Menschen anderer Nationen, bei denen der Unsicherheitsvermeidungsgrad gering ist, eher gelassen und kontrolliert sind.[251]

In Ländern mit schwacher Unsicherheitsvermeidung gibt es wenige und allgemeine gefasste Regeln und Gesetze. Die Menschen sind zumeist weniger gestresst und fühlen sich wohl bei Müßiggang. Die Motivation erfolgt durch Leistung und Wertschätzung. Der Zeitfaktor wird lediglich als Orientierungsrahmen hingenommen.[252] In der Arbeitswelt zeigt sich diese Dimension vor allem in spezifischen Rollen, in detaillierten Regeln und Prozeduren, präzise Anweisungen und klar strukturierten Beziehungen. Wie dem Unsicherheitsvermeidungsindex (UVI) zu entnehmen ist, weicht sie von den anderen Länderreihenfolgen ab.

Rang	Land/ Region	UVI-Punkte	Rang	Land/ Region	UVI-Punkte
1.	Griechenland	112	35.	Niederlande	53
2.	Portugal	104	43.	USA	46
3.	Guatemala	101	47./48	GB	35
5./6.	Belgien	94	49./50.	Schweden	29
7.	Japan	92	51.	Dänemark	23
10/15	Frankreich.	86	52.	Jamaika	13
29.	BRD	65	53.	Singapur	8

Tabelle 4: Unsicherheitsvermeidungsindex (entnommen aus Hofstede 1993, S. 133)

---

[250] Hofstede 1993, S. 133
[251] Vgl. Hofstede 1993, S. 135, 142
[252] Hofstede 1993, S. 146, 156

4.1.2.5 Kritische Bewertung der Kulturdimensionen

Kritisiert wird an Hofstedes Forschungsarbeit die Untersuchungsmethode des standardisierten Fragebogens, da diese verdeckte und unbewusste Symbole und Kulturausprägungen nicht ausreichend erfasse.[253] Weiterhin ist zu berücksichtigen, dass die Erhebung der Daten in den 70 er Jahren erfolgt ist und die Auswirkungen des kulturellen Wertewandels nicht beschrieben werden konnten. Vor allem wird angenommen, dass der Individualismus an Wertigkeit zugenommen hat.[254] Außerdem wird die Beschränkung der Analyse auf den IBM-Konzern bemängelt, da dieser zudem eine stark ausgeprägte Unternehmenskultur aufweist.[255] Auch sind die Personengruppen nicht wirklich repräsentativ für die Gesellschaften. Wienges bemängelt ferner die Eindimensionalität des Konzepts. Es sei zu vereinfachend, Gesellschaften bspw. nur auf den Kollektivismus und Individualismus zu reduzieren. Verwiesen wird zugleich auf die Wahrscheinlichkeit einer Koexistenz.[256] Kritisch zu sehen ist auch die Gleichsetzung von Ländern mit Kulturräumen, da ein Land auch unterschiedliche Kulturen verbergen oder eine Kultur länderübergreifend vorherrschend sein kann. Ökonomische Bedingungen, wie bspw. Einkommensniveau oder Inflationsrate hätten besonders berücksichtigt werden müssen.

Sondergaard (1994) verzeichnet 61 unterschiedliche Replikationen, die sich unmittelbar auf die Forschungsarbeit von Hofstede beziehen und analysiert diese. Drei von ihnen sollen näher dargestellt werden. Andere Studienbeispiele werden im Abschnitt 4.2 folgen.

Eine Folgestudie von Hoppe (1992) überprüft die Validität der vier Dimensionen. Die Forschung, die sich auf 17 europäische Staaten und die USA bezog, bestätigt, bis auf eine geringfügige Abweichung bei der Maskulinität, weit gehendst die Ergebnisse Hofstedes.[257] Neben dieser gibt es auch Studien, die nur eine partielle Übereinstimmung ausfindig machen konnten. Chew und Putti (1995) bspw. untersuchten arbeitsbezogene Werte und Einstellungen von Japanern und Singapurern im Kontext der vier Dimensio-

---

[253] Vgl. Blom, 2002, S. 55f und Hollinshead 1995, S. 14
[254] Vgl. Hollinshead 1995, S. 13
[255] Vgl. Blom, 2002, S.56
[256] Vgl Wienges 1995, S. 64 und S.61
[257] Vgl. Hoppe 1992, S. 1

nen.[258] Während die Werte beim Individualismus den Hofstedeschen entsprechen, gibt es Differenzen bei den Werten der Maskulinität und der Machtdistanz.[259]

Bei Yeh (Yeh 1988) wurden in gleicher Weise amerikanische, japanische und taiwanische Manager in 240 Unternehmen in Taiwan befragt.[260] Auch hier gab es nur partielle Übereinstimmungen: „*The results of the present study, except the uncertainity avoidance values and the low individualistic orientation for the Taiwaneese managers, do not confirm Hofstede's findings.*"[261] Interessanterweise bestätigten alle 61 Studien – wie von Sondergaard ausfindig gemacht - den Individualismus als Dimension.[262] Insbesondere bestätigt Tirandis mit seinen Forschungen die Individualismus- Dimension unter einer zusätzlichen Differenzierung zwischen horizontal und vertikal.[263] Auch die sog. GLOBE-Studie konnte die Länderreihenfolge Hofstedes bezüglich der Individualismuswerte weit gehendst bestätigen. Die Länder, die von Hofstede als individualistisch klassifiziert wurden, gelten auch nach dieser Studie von 2004 als individualistisch.[264]

4.1.3 Kultureinteilung nach Trompenaars

Trompenaars unterscheidet Kulturen nach ihrer spezifischen Art, mit bestimmten Problemen umzugehen und Lösungswege zu finden. Ausschlaggebend sind für ihn diesbezüglich die drei Problemfelder der menschlichen Beziehungen, das Zeitgefühl und die Einstellung zur Umwelt. In den jeweiligen Lösungsansätzen der unterschiedlichen Kulturen zu diesen grundlegenden und universalen Problemen erkennt Trompenaars sieben fundamentale Dimensionen der Kultur.[265] Für die Art, wie Menschen miteinander umgehen, nennt er die fünf `Orientierungen´ Universalismus contra Partikularismus, Individualismus contra Kollektivismus, neutral contra emotional, spezifisch contra diffus und Leistungsstatus contra Ansehen.[266] Auf Grund der Relevanz werden dieser Arbeit nur die Dimensionen zu Grunde gelegt, die sich im Bezug auf die menschlichen Beziehungen gestalten.

---

[258] Vgl. Chew 1995, S. 1145
[259] Vgl. Chew 1995, S. 1163, 1164
[260] Vgl. Yeh 1988, S. 106, 107
[261] Yeh 1988, S.108
[262] Vgl. Sondergarrd 1984, S. 451
[263] Vgl. Tirandis 2002, S. 26
[264] Vgl. Gelfand 2002, S. 474 und Tab. S. 471
[265] Vgl. hierzu und im Folgenden Trompenaars 1993, S. 21,22
[266] Vgl. Trompenaars 1993, S. 22,23

Eine hier nicht zu behandelnde Kulturdimension und Unterscheidungskriterium von Kulturen ist der Umgang mit der Zeit. Wesentlich ist hierbei die Wertigkeit für eine Kultur von Vergangenheit, Gegenwart und Zukunft. Die siebte und letzte von Trompenaars genannte kulturelle Dimension betrifft die Rolle, die Menschen der Umwelt und Natur zuschreiben.[267]

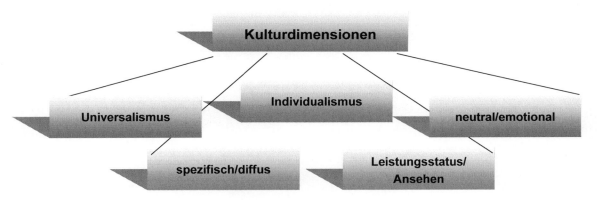

Abbildung 18: Kultureinteilung nach Trompenaars

Mit der ersten Dimension **Universalismus contra Partikularismus** wird bestimmt, wie man das Verhalten eines Menschen bewertet. Universalistisches Verhalten ist stets regelorientiert - es wird so gehandelt, wie es für richtig gehalten wird. Ausnahmen, die die Regel schwächen könnten, werden verworfen.[268]

Bei einer partikularistischen Beurteilung steht dagegen die Beziehung im Vordergrund; die besonderen Umstände der gegebenen Situation sind ausschlaggebend. Besondere Bande wie bpsw. zur Familie oder zu Freunden sind viel stärker als abstrakte Regeln, folglich fällt die Reaktion je nach den situativen Bedingungen unterschiedlich aus.[269] Partikularisten suchen die Befriedigung durch den persönlichen Kontakt insbesondere auch gegenüber den Vorgesetzten. Nordeuropäer und Nordamerikaner sind tendenziell universalistischer, Lateinamerikaner und Asiaten eher partikularistischer orientiert.[270]

---

[267] Vgl. Trompenaars 1993, S. 157f, 23
[268] Trompenaars 1993, S. 52
[269] Vgl. Trompenaars 2004, S. 38
[270] Vgl. Trompenaars 2004, S. 39

Die Dimension **Individualismus contra Kollektivismus** beschreibt nach Trompenaars den Konflikt zwischen den Wünschen und Erwartungen des Einzelnen und den der Gruppe, der er angehört. Bezogen auf die Arbeitswelt bedeutet dies, dass die Mitarbeiter als Mitglieder einer individualistischen Kultur im Idealfall ihre Arbeit als einzelne verrichten und sich für die erbrachte Leistung persönlich verantwortlich fühlen.[271] In kollektivistisch orientierten Kulturen ist hingegen der Idealfall die Leistung der Arbeit in einer Gruppe mit von allen Mitgliedern geteilter Verantwortung. Für die Arbeitsmotivation ist die Pflege eines Korpsgeistes und der Gruppenmoral von besonderer Bedeutung. Begünstigungen des Einzelnen und möglicherweise auch persönliche Zielabsprachen können hingegen demotivierend wirken. Lob und Anerkennung sollte auf die Gruppe bezogen werden. Die Leistung sollte dementsprechend gruppenbezogen honoriert werden. Stark individualistisch sind - abweichend von Hofstedes IDV - vor allem Israel und Nordamerika, kollektivistisch Mexiko Indien und Japan.[272]

Die Dimension **affektive contra neutrale** Kulturen bestimmt Trompenaars danach, inwiefern Gefühle zum Ausdruck gebracht werden. Während affektiv orientierte Kulturen die Emotionen offen durch Gestik, Mimik und Laute zum Ausdruck bringen, halten emotional neutrale Kulturen ihre Gefühle unter Kontrolle und wirken distanziert.[273]

Das **Diffuse oder Spezifische einer Kultur** unterscheidet sich mit dem Grad der Betroffenheit, ob wir „anderen in bestimmten spezifischen Lebensbereichen oder Aspekten ihrer Persönlichkeit direkt begegnen oder aber allgemein, diffus."[274] Dies enthält die Fragestellung, inwiefern das Geschäftliche vom Persönlichen getrennt wird. Während in spezifisch orientierten Kulturen ein Manager die spezifische Aufgabenbeziehung, die er zu seinem Mitarbeiter unterhält, von anderen Fragen – anderen Lebensbereichen - abtrennt, findet in diffusen Kulturen eine Vermischung der Bereiche statt.[275]

In einigen durch **Leistungsorientierung** gekennzeichneten Kulturen wird den Menschen ein Status auf Grund ihrer Errungenschaften eingeräumt. Hierbei kann vom *errungenen Status* gesprochen werden, da das Ansehen durch die persönliche Leistung und das Tun begründet wird. In anderen Kulturen wird der Status allein auf Grund des

---

[271] Vgl. Trompenaars 2004, S.93, 95
[272] Vgl. Trompenaars 2004, S.51
[273] Vgl. Trompenaars 2004, S.95f
[274] Trompenaars 2004, S. 109
[275] Vgl. Trompenaars 2004, S.67

Alters, der Klasse, des Geschlechts oder des Bildungsstandes gewährt – der Status bezieht sich also allein auf das Sein. In diesem Fall kann vom zugeschriebenen Status gesprochen werden.[276]

4.1.4 Vergleich der Kultureinteilungen

Dass der `Individualismus´ als Kulturdimension per Definition auch bei Trompenaars auftaucht, verweist unmittelbar auf die Relevanz des Individualismus als Unterscheidungskriterium von Kulturen. Daher wird dieser Dimension im Weiteren besondere Beachtung geschenkt. Außer bei dieser Dimension sind keine Überschneidungen zu sehen. Allerdings sind von Jackson (2002) Ähnlichkeiten ausgearbeitet worden. So postuliert er, dass ein erreichter Status und der Universalismus bei Trompenaars mit dem Hofstedschen Individualismus und geringer Machtdistanz korreliere. Der Partikularismus sowie der zugeschriebene Status korrelieren ihm zufolge mit Hofstedes Kollektivismus und hoher Machtdistanz.[277]

Insgesamt beruht die Kultureinteilung nach Trompenaars auf spezifischeren Faktoren – wie bspw. die Diffusität oder Affektivität - die nicht wirklich das Wesen einer Kultur treffen und aus denen sich nur begrenzt konkrete Schlüsse lassen.

Neben der Konzeptionalisierung der Kultur nach Hofstede und Trompenaars gibt es noch die Studien von Inkeles/ Levinson (1969), die vollständigkeitshalber erwähnt werden sollen. Diese arbeiteten drei Dimensionen heraus, die sich über das Verhältnis gegenüber der Autorität, das Selbstverständnis und den Umgang mit Konflikten und Gefühlen definieren.[278] Die Kultureinteilung nach Hall erfolgt in erster Linie nach sog „high-context-cultures", in denen implizit kommuniziert, und den „low-context-cultures", in denen direkt und explizit kommuniziert wird.[279] Zuletzt soll hier die Kulturgliederung nach Pinto genannt werden, der lediglich zwischen modernen und traditionellen, bzw. westlichen und nicht-westlichen Kulturen unterscheidet.

---

[276] Vgl. Trompenaars 2004, S. 76
[277] Vgl. Jackson 2002, S. 24
[278] Vgl. Danne 1996, S. 59
[279] Vgl. Blom, 2002 S. 64, 62 und für folgende, S. 67

4.2 Kulturgebundenheit der Instrumente

Im Folgenden werden unter Zugrundelegung von Hofstedes Dimensionen Machtdistanz, Individualismus, Maskulinität und Unsicherheitsvermeidung die Wirkungsweisen der dargestellten Instrumente diskutiert. Hierbei werden die für die Managementpraxis relevanten Komponenten der einzelnen Dimensionen systematisch mit den Wesensmerkmalen bzw. Erfolgsfaktoren der Motivationsinstrumente verglichen. Anschließend werden zum Teil hypothetische und - wo es die Forschung erlaubt - empirische Aussagen über die Effizienz der Instrumente getroffen, die letztlich eine Aussage über die Frage der Kulturgebundenheit erlauben.

4.2.1 Machtdistanz

Über die Machtdistanz in einer Kultur lassen sich Aussagen über den Grad der Zentralisation und den Grad der Partizipation im Rahmen der Entscheidungsfindung in Unternehmen treffen. Bezogen auf die Führung lassen diese Eigenschaften zweifellos den partizipativen und kooperativenen **Führungsstil** als die effektivsten in einer Kultur mit sehr geringem Machtdistanz benennen, denn hier wird dem Wunsch nach Partizipation und gemeinsamer Entscheidungsfindung Rechnung getragen. Der Mitarbeiter wird in das Betriebsgeschehen als gleichwertiges Subjekt eingebunden.

Als ein Hauptmerkmal von Kulturen mit hoher Machtdistanz dagegen wurde ein stark ausgeprägtes Autoritätsdenken festgestellt. Einer Partizipation würden die Mitarbeiter mit Angst und Mißtrauen begegnen. Manager, die dies verwirklichen „*are likely to be seen as weak and incompetent*"[280] Hieraus kann gefolgert werden, dass die Mitarbeiter – `kulturbedingt´ - eher eine autoritäre bzw. eine autokratische Führung erwarten. Auszugehen ist zugleich davon, dass eine den Erwartungen entsprechende Führung mit höherem Erfolg verbunden sein wird. Die Effektivität des in einer Kultur praktizierten Führungsstils hängt insbesondere davon ab, welche Erwartungen die Mitarbeiter haben. Die Arbeitsmotivation wird um so höher sein, je geringer hier die Diskrepanz zwischen der Partizipationserwartung und dem im Führungsstil praktizierten Partizipationsangebot ist.[281] Die Partizipationserwartung resultiert wiederum aus dem individuellen Sozialisationsprozess. Auf Grund der Kulturabhängigkeit „*ist sie [die Partizipationserwar-*

---

[280] Newman/ Nollen 1996, S.754
[281] Vgl. Thomas 1996, S.42

tung] in autoritären und hierarchisch strukturierten Gesellschaften geringer ausgeprägt als in pluralistisch und demokratisch strukturierten." [282]

Denison und Mishra (1995) gelangen in einer Untersuchung amerikanischer Firmen, die eine geringe Machtdistanz haben, zu dem Ergebnis, dass eine der Erfolgskomponenten in den Unternehmen bzw. Unternehmenskulturen (neben der Konsistenz, Anpassungsfähigkeit und der Mission) das „*involvement*,"[283] also die Einbeziehung des Mitarbeiters ist. Die Einbeziehung bzw. Partizipation korreliert den Ergebnissen zufolge positiv mit der Arbeitszufriedenheit und der Arbeitsleistung insgesamt.[284]

Morris und Pavett (1992) untersuchten in ihrer Studie die Beziehung zwischen dem Managementstil und der Produktivität in den USA und Mexiko. Durchgeführt wurde diese Studie in zwei Werksanlagen eines multinationalen Unternehmens in diesen Ländern.[285] Der Hauptbefund dieser Studie war die bessere Wirkungsweise des wohlwollenden autoritären ('benevolent Authoritative') bzw. des patriarchalischen Manangementstils in Mexiko und die bessere Effektivität des konsultativ-partizipativen Managementstils in den USA. Anzumerken ist hierbei, dass Mexiko im Gegensatz zu den USA in den obersten Positionen des MDI rangiert, also eine sehr stark ausgeprägte Machtdistanz aufweist, wie auch von Morris / Pavett bemerkt. Die Schlussfolgerung der Autoren sah folgend aus: „*We maintain these findings are due to the congruent between management systems and culture in the two locations.*"[286]

In einer weiteren Studie von Jago et al. (1995) wurden interkulturelle Differenzen von **Führungsstilen** analysiert – die zugleich zur Bewertung von Hofstedes Befund der kulturellen Gebundenheit dienen sollte.[287] Befragt wurden 2374 Vorgesetzte der Länder Österreich, Tschechien, Frankreich, Deutschland, Schweiz und USA. Die Testpersonen wurden bei unterschiedlichen Entscheidungssituationen zur Wahl von Verhaltensalternativen gebeten, die eine Aussage über die autokratische bzw. partizpative Haltung erlaubten. Die Ergebnisse entsprachen mit nur sehr geringen Abweichungen den Aussagen Hofstedes über die Machtdistanz dieser Länder. Deutsche, österreichische und schweizer Vorgesetzte legen gemäß dieser Studie ein paritzipativeres Führungsverhal-

---

[282] Thomas 1996, S.42
[283] Denison 1995, S.214
[284] Vgl. Denison 1995, S.218
[285] Vgl. Morris/ Pavett 1992, S.170
[286] Morris/ Pavett 1992, S.172
[287] Vgl. Jago et al. 1995, Sp. 1226

ten als bspw. das ehem. Jugoslawien, Polen und Tschechien zu Tage. Die erstgenannten Länder weisen auch bei Hofstede einen relativ geringen Machtdistanzwert auf, wohingegen für das ehem. Jugoslawien, Polen und Tschechien ein hohes Machtgefälle zu verzeichnen war.[288] (Polen und Tschechien waren nicht von der Studie Hofstedes erfasst worden, angenommen wird allerdings von Jago et al. für die Länder ein ähnliches Machtgefälle wie bei Jugoslawien.) Neben der Bestätigung der Hofstedeschen Befunde wurde als Ergebnis dieser Studie auch die Signifikanz des kulturellen Einflusses auf das Führungsverhalten festgehalten. Weiterhin zeigt diese Analyse, dass Vorgesetzte aus vergleichbaren Kulturen (wie Österreich, Deutschland etc.), also aus Kultur-Clustern, unabhängig von Organisationstyp, Anzahl der Mitarbeiter oder hierarchische Position in ihrem Verhalten doch sehr ähnlich sind.[289]

Alle drei Studien bezüglich der Partizipation und dem Führungsverhalten weisen also explizit auf die Beeinflussung durch die Kultur hin.

Allgemein wird für Länder mit geringer Machtdistanz in Bezug auf die Entlohnung festgehalten, dass diese auf egalitaristischen Prinzipien beruhen sollten. Gehaltsunterschiede zwischen dem Management und den niederrangigen Arbeitskräften sollten nicht so hoch und Statussymbole möglichst gering sein.[290] Für Länder mit hohem Machtdistanz betont Gomez (1991) dagegen, der die Beziehung zwischen der nationalen Kultur und Kompensationsstrategien auf der Basis der Kultureinteilung nach Hofstede untersucht hat, die Bedeutung von *„visible rewards that serve as testimony to the sucess of those (...)"*[291] und verweist ausdrücklich auf den Einfluss durch die Kultur. Diese Argumentation legt also die besondere motivierende Bedeutung des Leistungslohns für Länder mit großen Machtunterschieden nahe. Auf der anderen Seite könnte man vielleicht dem Wunsch nach Machtlegitimation in Ländern mit geringer Machtdistanz indirekt den Gedanken entnehmen, dass jedes Individuum nach der persönlichen Leistung beurteilt werden will. Ausgehend davon könnte auch ein **Leistungslohn** in diesen Kulturen förderlich sein, da eine gehaltliche Besserstellung möglicherweise akzeptiert wird, soweit sie denn begründet ist. Zumindest liegen keine Argumente vor, warum ein Leistungslohn hier nicht motivationsfördernd wirken sollte.

---

[288] Vgl. Jago et al. 1995, Sp.1231 und vgl. hierzu d. MDI
[289] Vgl. Jago et al. 1995, Sp 1233
[290] Vgl. Gomez 1991, S.31 und Hofstede
[291] Gomez 1991, S.31

Obwohl sich aus dem MDI als kulturelles Merkmal per se keine konkludenten Rückschlüsse auf die mögliche Motivationswirkung von **Mitarbeiterbeteiligungen** ergeben, kann erneut auf die Forschungsarbeit von Gomez verwiesen werden, der auf den Schluss kommt, dass *„compensation programs requiring extensive employee involvement (such as gain sharing) are more likely to be succesful in this* [geringe MDI-Kulturen] *type of culture."*[292]

Weiterhin kann die Annahme getroffen werden, dass eine geringe Machtdistanz die Voraussetzung für eine partnerschaftliche Zusammenarbeit im Rahmen von **Zielvereinbarungen** schafft. Denn auch dieses Managementinstrument basiert auf den Gedanken der Partizipation und Kommunikation. Das Mitarbeitergespräch und die aktive Einbindung des Mitarbeiters in den Zielbildungsprozess oder etwa die Selbststeuerung wurden als elementare Gestaltungsparameter von Zielvereinbarungen festgehalten. Bei hoher Machtdistanz wären also nicht einmal die Rahmenbedingungen dafür gegeben.

In einer Forschungsarbeit von Erez und Earley (1987) wurden Zielsetzungsmodalitäten in Zusammenhang mit kulturellen Werten untersucht.[293] Festgestellt wurde, dass die Performanz israelischer Studenten bei fest vorgegebenen Zielen bei weitem geringer war als die der amerikanischen Studenten. Bei partizipativer Zielfindung gab es dagegen keine Unterschiede – in beiden Ländern war eine verbesserte Performance zu beobachten.[294] Hingewiesen wird in diesem Zusammenhang ebenfalls auf Israels Länderposition im Machtdistanzindex Hofstedes. Möglicherweise erlaubt die Tatsache, dass Israel einen extrem geringen und die USA einen höheren Machtdistanzwert hat, einen Rückschluss auf den Wunsch zur Einbeziehung bei der Zielformulierung.

In einer Studie von Trepo wurde die Akzeptanz von Zielvereinbarungen (in d. Studie: Management by Objectives) in Frankreich untersucht. Insbesondere ihre Implementierung seitens französischer Manager erwies sich als problematisch. Begründet wird dies von Jaeger (1986) wie folgt: *„(...) the high power distance to which the french are accustomed from childhood ultimately has thwarted the successful utilization of MBO (...)"*[295]

---

[292] Gomez 1991, S.32
[293] Vgl. Erez/Earley 1987, S.658(f)
[294] Vgl. Erez/Earley 1987, S.664
[295] Jaeger 1986, S.185

Auch die Zusammenführung der unterschiedlichen Ergebnisse auf dem Feld von Zielvereinbarungen führt unmittelbar die kulturelle Beeinflussung vor Augen, wobei nicht immer auf diese als Instrument abgestellt werden kann, sondern auf Unterschiede einzelner Gestaltungselemente.

Hinsichtlich der **Gruppenarbeit** als Form der Arbeitsorganisation kann wie folgt argumentiert werden: Die Gruppenarbeit kann nur dann effektiv in einem Umfeld angewandt werden, wenn auch eine führungsbedingte Mentalität herrscht, die der Selbstorganisation, der selbst verantwortlichen Übernahme von Steuerungs-, Planungs- und Kontrollaufgaben Raum gibt. Bei autoritärem und vor allem autokratischem Führungsstil – bei dem eine klare Trennung von Entscheidung und Ausführung vorherrschend ist - wird dies kaum gewährleistet sein. Folglich wird sich die Gruppenarbeit besser in einem kulturellen Kontext entwickeln können, bei der das Machtgefälle nur gering ist.

Zu **Cafeteria- Systemen** lässt sich die Vermutung aufstellen, dass das in Ländern mit geringer MDI vorherrschende starke Autoritätsdenken und starke hierarchische Einteilung auch in einkommensbezogener Hinsicht als Handlungsrahmen gegen eine flexible Entgeltgestaltung spricht, die der Wahlmöglichkeit des Mitarbeiters eine so große Bedeutung beimisst. Bei einer geringen Machtdistanz würde sich ein Cafeteria- System besser in ein dem Mitarbeiter als gleichwertiges, entscheidungsfreudiges und kompetentes Subjekt erscheinen lassende Gesamtgefüge einordnen lassen. Auf Grund der Spezifität liegen allerdings diesbezüglich keinerlei Studien vor.

In einem Land mit geringem MDI wird sich in erster Linie eine **Unternehmenskultur** als förderlich erweisen, die die vorherrschenden Präferenzen der Mitarbeiter unterstützt. Erwartet wird also eine Unternehmenskultur, die eine nur sehr geringe Hierarchie impliziert, in den Verhaltensnormen einen partnerschaftlichen und gleichgestellten Umgang vorsieht und auf die Macht eines Positionsinhabers verweisende Statussymbole missbilligt und dergleichen. Entgegengesetztes kann zu Ländern mit hohem MDI gesagt werden. Hier wird eine Unternehmenskultur förderlich wirken, die `hart´ ist, im Sinne einer starken Betonung von Machtunterschieden. Dies bedeutet bspw., dass Statussymbole, wie ein Firmenwagen oder bessere Räumlichkeiten, eine hohe Bedeutung haben, und in den Umgangsformen Machtunterschiede erkennbar werden.

Die Bearbeitung macht deutlich, dass die Machtdistanz als Kulturdimension Rückschlüsse auf die Wirkungsweise der hier dargestellten Instrumente erlaubt. Insbesondere im Bezug auf den Führungsstil, und den damit verbundenen Haltungen gegenüber einer Partizipation und Autorität, als auch im Hinsicht auf Zielvereinbarungen konnten aus der Empirie beweiskräftige Aussagen getroffen werden.

4.2.2 Individualismus

In individualistischen Gesellschaften steht stets das Individuum im Mittelpunkt. Man will als autonomes, werttragendes und nach Selbstverwirklichung strebendes Subjekt wahrgenommen und behandelt werden. Geht man vor diesem Hintergrund nun der Frage nach, wie die unterschiedlichen **Führungskonzepte** wirken würden, ergibt sich ein klares Bild: Auf Grund der Betonung des Mitarbeiters als Individuum ist von einer motivierenden Wirkung partizipativer und kooperierender Führungsstile auszugehen. Mit einer patriarchalischen oder autokratischen Führung wird man den individualistisch geprägten Erwartungen des Mitarbeiters nicht gerecht werden. Der Mitarbeiter wird sich in seiner Entfaltung eingeschränkt und bevormundet fühlen.

Bei kollektivistisch orientierten Arbeitskräften hingegen wird der Effekt einer patriarchalischen Führung möglicherweise ein positiver sein. Denn diese erwarten wiederum die starke Hand einer fürsorglichen und wohlwollenden Führungsperson und sind im Gegenzug bereit, die von ihnen geforderte Loyalität zu zeigen. Konkretere Aussagen über die Effektivität der anderen Führungsstile erlaubt der Kollektivismus als einzelne Dimension nicht. Doch auf Grund der Feststellung Hofstedes, dass es sich bei kollektivistischen Kulturen meist auch um Kulturen mit einem starkem Machtdistanzwert handelt, können die unter dem Aspekt der Machtdistanz erfolgten führungsstilbezogenen Überlegungen auch auf diese Dimension übertragen werden.

Für die empirische Sicherstellung ist auf die Analyse von v. Keller hinzuweisen. Er fasst die Forschungsergebnisse von annähernd 200 kulturvergleichenden Untersuchungen hinsichtlich Führungsstilpräferenzen wie folgt zusammen: Aus direkten Befragungen geht hervor, dass sich nur 20-30 % der festgestellten unterschiedlichen Führungspräferenzen mit der Nationalität erklären lassen, dagegen liegt dieser Wert bei simulationsähnlichen Fallstudien deutlich höher.[296] von Keller unterstellt, dass die unterschiedlichen Führungspräferenzen insbesondere mit den Dimensionen **Machtdistanz und Individualismus** in Verbindung stehen.[297] Ein Vergleich des deutschen und

---

[296] Vgl v.Keller 1995, Sp.1398
[297] Vgl v.Keller 1995, Sp. 1398

des japanischen Führungsstils ergibt danach: Japan weist neben der hohen Machtdistanz auch einen hohen Kollektivismuswert auf. Beides schlägt sich – wie von Kumar festgestellt - im Führungsstil nieder.[298] Der in Japan vorherrschende Führungsstil basiert auf dem sog. Ringi-Prinzip, dessen wichtigsten Elemente die Vorbereitung von Entscheidungen und Pläne auf der mittleren Führungsebene (ringisho) und die Beteiligung aller an der Entscheidung betroffenen Gruppenmitglieder (nemawashi) sind. Allein die endgültige Zustimmung erteilt der Vorgesetzte.[299]

Mit dem Individualismus wurde im vorhergehenden Kapitel die Überlegung zum Ausdruck gebracht, dass die Mitglieder einer individualistischen Kultur idealerweise ihre Arbeit einzeln verrichten und sich für die erbrachte Leistung persönlich verantwortlich fühlen. Insbesondere individuelle Leistungsanreize sind daher äußerst angebracht. Folglich ist hier an erster Stelle der **Leistungslohn** zu nennen. In individualistischen Kulturen erwarten die Arbeitnehmer, dass auch ihren eigenen Bedürfnissen und Zielsetzungen entsprochen wird, andernfalls wird ein Unternehmen verlassen. Die Arbeitnehmer sind sich dessen bewusst, dass sie nur auf Grund ihrer Qualifikationen und Fähigkeiten in das Unternehmen eintreten konnten. Dies bringt auch die Notwendigkeit mit sich, Arbeitnehmer auf eine Art und Weise zu kompensieren „*that is rationally consistent with their capabilities and performance (..).*"[300] Mit einem Leistungslohn könnte man diesem Anspruch weit gehendst gerecht werden.

Auch Gomez verweist mit seiner Forschungsarbeit für individualistisch orientierte Kulturen auf die Bedeutung leistungsorientierter Belohnungen, die auf den Einzelnen abstellen und nicht auf die Gruppe. Insbesondere, weil die Mitarbeiter dort ihren Erfolg aus dem Vergleich zu anderen in monetärer Hinsicht bewerten, sollten Unternehmen ihre Anerkennung mit Materiellem bekunden.[301]

Im Gegensatz dazu sehen sich die Unternehmensmitglieder in kollektivistischen Ländern eher als ein Teil des Unternehmens – auch die Loyalität ist dementsprechend hoch. Als Gegenleistung wird seitens der Mitarbeiter erwartet, dass sie dem Unternehmen auch in harten Zeiten zur Seite stehen werden - eine zu starke Leistungsorientierung

---

[298] Vgl. Kumar 1991, S.144
[299] Vgl. Kumar 1991, S.144
[300] Gelfand 2004, S. 446
[301] Vgl. Gomez 1991, S. 33

würde diese Art der Beziehungen stören.[302] Die leistungsäquivalente Belohnung würde nicht auf Resonanz stoßen. Neben intrinsischen Belohnungen wird vielmehr die Vergütung auf der Grundlage der Betriebszugehörigkeit bevorzugt: In kollektiven Kulturen *„Seniority-based rewards are important because they promote long-term relationsships with the organization and reinforce loyalty to the firm."*[303]

Diese Annahme wird empirisch von Ramamoorthy und Caroll (1998) gestützt. Als Forschungsergebnis stellten sie eine signifikante negative Beziehung zwischen dem Kollektivismus einer Kultur und der Attraktivität von leistungsbasierten Bemessungen und Vergütungen fest.[304] Eine starke Leistungsorientierung bei der Vergütung bzw. die Herausstellung des Einzelnen auf Grund seiner individuellen Leistung wirkt dem Wesen eines Kollektivs zuwider und stört die Gruppenharmonie. Sie betonen zuletzt, dass allgemein *„(...) collectivistically-oriented individuals tend to show a lower preference for individualistic HRM practices."*[305]

Außerdem wurde herausgestellt, dass im kollektivistisch orientierten China die Einbeziehung unterschiedlicher Zuteilungsfaktoren, wie bspw. Rang und Alter auf eine größere Akzeptanz stößt als etwa die Belohnung nur nach der Leistung.[306]

Eine Betrachtung der Wesensmerkmale von **Beteiligungen** verdeutlicht, dass auf Grund der Leistungsabhängigkeit der Entlohnung auch hier primär Erfolgsbeteiligungen für individualistische Arbeitskräfte infrage kommen. Bei der Gewinnbeteiligung konnte kein direkter Zusammenhang mit der Einzelbeteiligung ausgemacht werden, da ein Einzelner nicht wirklich das Gesamtergebnis, die Bilanz, zu beeinflussen vermag. Ähnlich verhält es sich bei der Ertragsbeteiligung. Auch hier schlägt sich die Leistung des einzelnen Mitarbeiters nicht unmittelbar auf die Wertschöpfung oder den Nettoertrag nieder. Anders verhält es sich bei der Leistungsbeteiligung, da konkret auf die individuelle Leistung des Mitarbeiters abgestellt wird. In diesen Kulturen präferieren die Mitarbeiter insbesondere `short-term´ Vergütungen.[307] Aus der selben Argumentation folgt für kollektivistische Arbeitskräfte die bessere Eignung der Beteiligungsmodelle, bei der die individuelle Komponente eher unbedeutend ist. Kompensationen, die sich

---

[302] Vgl. Gelfand 2004, S. 447
[303] Gomez 1991, S. 33
[304] Vgl. Ramamoorthy 1998, S. 580, 581
[305] Ramamoorthy 1998, S. 581
[306] Vgl Audia/Tams 2002, S. 150
[307] Vgl. Gomez 1991, S.33

auf der Grundlage von Gruppenleistungen ergeben, wie bspw. bei der Gewinnbeteiligung, werden förderlicher wirken. Kapitalbeteiligungen würden in diesem Zusammenhang - insbesondere auch wegen der immateriellen, das Wir-Gefühl stärkenden Komponente - ebenfalls Erfolg versprechen. Außerdem dienen Kapitalbeteiligungen der stärkeren und langfristigeren Bindung des Mitarbeiters. In Anbetracht dessen, dass Kollektivisten langfristige Arbeitsbeziehungen erwarten, könnte dies mit ein Argument für ihre motivierende Wirkung sein.[308]

Auch in Bezug auf **Zielvereinbarungen** kann erneut auf die `individualisierende Komponente´ als Erfolg versprechender Faktor für individualistisch orientierte Kulturen hingewiesen werden. In Unternehmen manifestiert sich die Dimension des Individualismus in der Autonomie, der individuellen Verantwortung für Ergebnisse und der Belohnungen auf individueller Ebene. Im Rahmen der Zielvereinbarung werden dem Mitarbeiter klar definierte Ziele vor Augen geführt, die zumeist von ihm persönlich und eigen verantwortlich zu erreichen sind. Die individuelle Leistung wird unmittelbar angesprochen und gefordert. Gleichzeitig wird ihm sein eigener Beitrag innerhalb des Unternehmensziels verdeutlicht. Das Feedback kann vom Mitarbeiter weiterhin als Anerkennung der persönlichen Leistung aufgefasst werden. Diese Überlegungen legen ebenfalls die potenzielle kulturelle Gebundenheit von Zielvereinbarungen nahe.

Bestätigt werden diese Argumentation auch von Kumar (1991), dessen Untersuchungen von deutschen Niederlassungen in Japan ergaben, dass die Anreizgestaltung deutscher Vorgesetzter zu stark an der Förderung individueller Leistungen und der Einzelverantwortung orientiert und daher ineffektiv war: Abgegrenzte Aufgaben, die dem japanischen Mitarbeiter einzeln übertragen, er direkt verantwortlich gemacht und einzeln belohnt wurde, rief bei ihm – wie festgestellt wurde - Arbeitsunlust hervor.[309]

Audia und Tams (2002) analysierten mehrere interkulturelle Studien in Bezug auf Zielvereinbarungen. Die Analyse ergab, dass insbesondere kulturelle Unterschiede in der Verbindlichkeit und Wahl von Zielen festzustellen waren und erklärten das explizit mit den unterschieden im Machtdistanz.[310] Erez (1986) fand heraus, dass in einigen Kulturen eine Zielsetzung ohne jegliche Partizipation effektiver ist, während wiederum

---

[308] Vgl. Gomez 1991, S.33
[309] Vgl. Kumar 1991, S. 129
[310] Vgl. Audia/Tams 2002, S. 143f

in anderen die durch Partizipation ermittelten die besseren zu sein scheinen.[311] Weiterhin konnte in Betracht auf die Zielwahl Folgendes festgestellt werden: Ein Vergleich des inidividualistisch orientierten Australiens mit dem kollektivistisch orientierten Sri Lanka kristalisierte die Tatsache heraus, dass die Leistungsorientierung der Australier in der Regel auf individuelle Ziele gerichtet ist, wohingegen eine Arbeitskraft aus Sri Lanka kollektivistische Ziele bevorzugt.[312]

Zusammengefasst ergeben diese Studien, dass es neben kulturell bedingten Unterschieden in der Verbindlichkeit, der Zielart (kollektivistisch o. individualistisch) und der Partizipation der Mitarbeiter an der Zielwahl auch Unterschiede in der Effektivität von Zielvereinbarungen als solche gibt.

Zuvor hatten wir beschrieben, dass ein **Feedback** unter bestimmten erläuterten Voraussetzungen zur Leistungsmotivation führe. Doch dies scheint primär nur auf individualistische Kulturen zuzutreffen, denn in kollektivistisch orientierten Ländern „zerstört ein derartiges Feedback die Harmonie, von der man erwartet, dass sie zwischenmenschliche Beziehungen bestimmt."[313] In solchen Kulturen sollte dies besser indirekt – evtl. über einen Mittelsmann, der beiderseitiges Vertrauen genießt – erfolgen. Eine sehr destruktive Wirkung würde eine Kritik für einen Mitarbeiter entfalten, wenn dieser das Gefühl hat `das Gesicht zu verlieren´. Es kann aber nicht grundsätzlich davon ausgegangen werden, dass ein Feedback in kollektivistischen Kulturen per se nicht angebracht sei. Eine Studie, die die Länder USA, Tschechien und China erfasste, konnte nämlich die höhere Effektivität eines Gruppenfeedbacks in kollektivistisch orientierten Kulturen und die höhere Effektivität des individuellen Feedbacks in individualistischen Kulturen belegen.[314]

Ferner ist für individualistisch geprägte Kulturen von Bedeutung, dass organisatorische Gegebenheiten in Einklang mit den individuellen Erwartungen und Bedürfnissen stehen. Erwünscht ist auch ein entsprechender Handlungsspielraum. Die Beachtung dieser Kriterien legt die nähere Betrachtung von **Cafeteria-Systemen**, die eine Individualisierung von Entgeltbestandteilen darstellt, nahe. Wie bereits dargestellt, eröffnet ein Cafeteria- System den Mitarbeitern die Möglichkeit, im Rahmen eines vorgegebe-

---

[311] Vgl. Erez 1986, S. 585f
[312] Vgl. Audia/Tams 2002, S. 144
[313] Hofstede 1992, S.138
[314] Audia/Tams 2002, S.146

nen Budgets und Leistungsangebotes individuell zwischen verschiedenen Entgeltbestandteilen zu wählen. Gerade die Entscheidungsfreiheit, über eine Versicherungsleistung oder Sozialleistung etc. den persönlichen Präferenzen entsprechend bestimmen zu dürfen, wird für kulturell individualistisch gesinnte Mitglieder unmittelbar als Stimulus wirken. Hieraus lässt sich aber für kollektivistisch orientierte nicht ohne weiteres das Gegenteil begründen.

Während für Kollektivisten individuelle Ziele in der Regel mit kollektivistischen Zielen kompatibel sind, werden individuelle Ziele von Individualisten als nicht-konform mit Gruppenzielen gesehen.[315] Daher werden **Gruppenarbeitsformen** in kollektiven Kulturen eher auf Akzeptanz stoßen und motivationsfördernd wirken. Dagegen arbeiten Individualisten als Einzelpersonen generell besser als in einer Gruppe.[316] Dieses Argument wird bspw. bestätigt von der intensiven Gruppenarbeitspraxis im kollektivistischen China. Es konnte zudem bestätigt werden, dass tatsächlich Individualisten persönliche Ziele über die der Gruppe stellen und Kollektivisten primär Gruppenziele vor den eigenen bevorzugen.[317] Auf den gleichen Befund wird auch die Tatsache zurückgeführt, dass kollektivistisch orientierte Gruppenmitglieder pflichtbewusster arbeiten als individualistisch orientierte.[318]

Die Wesensmerkmale einer kollektiven Kultur lassen generell das Vorhandensein einer `starken´ **Unternehmenskultur** als positiv erscheinen. Kollektivistisch orientierte Unternehmensmitglieder werden das Vorherrschen dominanter sichtbarer oder bekundeter Unternehmenskultur-Strukturen, die das Wir-Gefühl betonen, gutheißen. Die Vermutung liegt nahe, dass die starke Loyalität und die Betonung des Gruppeninteresses durch eine dominante Unternehmenskultur eher unterstützt wird. Eine starke Unternehmenskultur trägt auf Grund der Entwicklung eines `Wir-Bewusstseins´ dazu bei, partikuläre Interessen von Einzelpersonen oder (Abteilungs-/ Funktions-)Gruppen in den Hintergrund zu rücken.[319] Neben der Stärke einer Unternehmenskultur, im Sinne der Prägnanz, Verbreitungsgrad und Verankerungstiefe, ist vielmehr ihre inhaltliche Ausrichtung bedeutend. Bei individualistischen Kulturen müssten noch stärker die Gestaltungsmerkmale beachtet werden. Primär handelt es sich hier um die individuumsbeton-

---

[315] Vgl Tirandis 2002, S.24
[316] Vgl Tirandis 2002, S.40
[317] Vgl. Steers/ Sanchez-Runde 2002, S. 196
[318] Vgl. Audia/ Tams 2002, S.144
[319] Vgl. Dill 1987, S.155f

ten Faktoren, wie bspw. die Gewährung eines Handlungsspielraums, die Übertragung von Eigenverantwortung, individuelle Weiterentwicklungsmöglichkeiten oder etwa die individuumbezogene Kompensation, die allesamt Elemente einer Unternehmenskultur sein können.

Abschließend kann zur Dimension des Individualismus festgehalten werden, dass sie als kulturelles Merkmal die Effektivität des Führungsstils, wie empirisch nachgewiesen werden konnte, enorm prägt. Neben diesem sind auch die Auswirkungen dieser Kulturausprägung auf den Leistungslohn prägnant zu erfassen, da hier dem Selbstverständnis als Individuum eine besondere Bedeutung zukommt.

4.2.3 Maskulinität

In maskulinen Kulturen wird von einer Führungsperson ein entschlussfreudiges und bestimmtes Vorgehen, quasi eine `starke Hand´ erwartet. Ein maskuliner Vorgesetzte trifft seine Entscheidungen allein auf Grund von Fakten. Das Einlassen in eine Gruppendiskussion würde seitens der Mitarbeiter als Schwäche aufgefasst werden. Dies impliziert eine autokratische Führungserwartung. In femininen Kulturen streben die Vorgesetzte den Konsens an. Probleme werden gemeinsam ausgehandelt, und die Beziehung zu den Mitarbeitern beruht, wie oben dargestellt wurde, auf freundschaftlicher Basis. Dies impliziert die kooperierende bzw. partnerschaftliche **Führung**. Außerdem spiegelt sich die Dimension in maskulinen Kulturen in der Möglichkeit zu einer leistungsbezogenen Vergütung und Ansehen wider. Maskuline Gesellschaften sind gekennzeichnet durch eine starke Leistungsbetonung. Das Einkommen und die Anerkennung spielen eine entscheidende Rolle. Belohnt wird nach dem Gerechtigkeitsprinzip, beruhend auf der Leistung. Für das Konzept des **Leistungslohns** wurde bereits festgestellt, dass die Entlohnung gerade auf der Leistungsstärke des einzelnen Mitarbeiters basiert. Sowohl der Zeit- als auch der Geldakkordlohn wird durch das Mengenergebnis bestimmt, d.h. die Entlohnung ist unmittelbar abhängig von der Leistung. Auch errechnet sich die Prämie beim Prämienlohn nach quantitativer oder qualitativer Leistung – also dem Arbeitsergebnis. Hieraus folgt, dass das Konzept des Leistungslohns hier einen enormen Erfolg verspricht. Wird das Arbeitsverhalten wesentlich von materiellen Größen bzw. dem Lohn bestimmt, ist ersichtlich, dass der Leistungslohn als Anreiz besonders akzeptiert, als gerecht empfunden und daher wohl sehr effektiv sein wird. Hierfür spricht auch das dominante Wettbewerbsverhältnis, welches für maskuline Kulturen kennzeichnend ist. Auf Grund der Geschlechterdifferenzierung muss aber erwähnt werden, dass die Attraktivität des Leistungslohns nur für männliche Arbeitskräfte gegeben sein wird – nicht aber für weibliche.[320] In femininen Kulturen wird ein solcher Leistungsbezug – umgekehrt - die interpersonellen Beziehungen bzw. das Arbeitsklima stören. Die materielle Betonung wird die hoch geschätzte soziale Qualität des Arbeitslebens in den Hintergrund rücken.[321]

Zwar bestätigt Gomez die geringere Bedeutung einer materiellen Vergütung für Länder mit geringer Maskulinität, also hoher Feminität, aber er verweist – entgegen der vorhergehenden Argumentationen - gleichzeitig auf den Faktor des `performance´ neben dem Arbeitsinhalt als „*the prime criteria for establishing pay levels.*"[322] Folglich kann hier keine definitive Aussage zur möglichen Kulturgebundenheit getroffen werden.

Ähnlich verhält es sich mit der **Mitarbeiterbeteiligung**. Für maskuline Kulturen kommen insbesondere die leistungsabhängigen Varianten einer Erfolgsbeteiligung, wie bspw. die Leistungsbeteiligung, in Betracht. Motivationseffekte resultieren für maskulin geprägte Mitarbeiter auch hier unmittelbar aus der materiellen Konnotation. Für Arbeitskräfte aus einem femininen Kontext könnten Mitarbeiterbeteiligungen evtl. dann attraktiv erscheinen, wenn man sich die immateriellen Komponenten von Beteiligungsmodellen, die in Kapitalbeteiligungen stärker ausgeprägt sind, betrachtet. Allerdings mangelt es hier an empirischen Aussagen.

Die Betonung des Leistungsgedankens kann ferner das Instrument der **Zielvereinbarungen** nahe legen. Maskulin geprägte Mitarbeiter würden gern an ihrer Leistung gemessen und dementsprechend bewertet werden wollen. Für feminin geprägte Arbeitskräfte wird das Abstellen der Leistung auf klar vereinbarte Ziele möglicherweise eine beengende, die Harmonie im Arbeitsverhältnis störende, negative Wirkung entfalten. Beachtet werden kann erneut die Analyse von Trepo (s. oben) hinsichtlich Zielvereinbarungen. Möglicherweise kann der Misserfolg dieses Instruments in Frankreich nicht nur auf die hohe Machtdistanz, sondern zugleich auch auf den geringen Maskulinitätswert, also auf den relativ hohen Individualismuswert in diesem Land zurückgeführt werden. Auf der anderen Seite hatten wir festgehalten, dass eine Zielvereinbarung neben der leistungsbetonenden auch – bedingt durch die Einbeziehung des Mitarbeiters

---

[320] Vgl. Gomez 1991, S. 38
[321] Vgl. Blom 2002, S. 226
[322] Gomez 1991, S. 38

- eine partnerschaftliche Komponente enthält. Bezogen auf die Kulturdimensionen bedeutet dies das Vorherrschen einer geringen Machtdistanz. Dies bedeutet zugleich, dass die Effektivität eines Manangements- bzw. Motivationsinstruments nicht monokausal mit einer Kulturdimension begründet werden kann.

Das Vorhandensein eines **Cafeteria- Systems** stellt eine qualitative Bereicherung des Arbeitslebens dar. Insbesondere für feminine Kulturen hat diese Komponente hohe Bedeutung, ebenso wie die Belohnung nach dem Bedürfnis. Die Möglichkeit zur Wahl von Sozialleistungen oder etwa flexiblen Arbeitszeiten stellen – wie von Blom betont - begehrte Anreize dar.[323] In maskulinen Kulturen hätte dieser Aspekt eine bei weitem geringere Wertigkeit. Es würden von vornherein die materielle Vegütung oder etwa Statussymbole präferiert werden.

Für feminin geprägte Kulturen wurde die Bedeutung zwischenmenschlicher Beziehungen betont. Folglich wird eine Arbeitsform, die dem sozialen Kontakt und der gegenseitigen Hilfe mehr Raum gibt, präferiert. Diese Tatsache lässt jegliche Formen der Gruppenarbeit attraktiv erscheinen. Insbesondere teilautonome Arbeitsgruppen sind in Skandinavien, vornehmlich in Schweden, auf breite Akkzeptanz gestoßen und haben weite Verbreitung erfahren.[324] Ein anderes Argument für die besondere Motivationswirkung in femininen Kulturen ist die von der Gruppenarbeit ausgehende Möglichkeit zur Bearbeitung einer weit gehend kompletten Aufgabe, die sowohl die planenden als auch die ausführenden Bereiche umfasst. Neben interessanten Arbeitsinhalten erfährt der Mitarbeiter auch eine Arbeitserweiterung und oft einen Arbeitswechsel.[325] Im Gegensatz dazu dominiert in maskulinen Gesellschaften das Wettbewerb unter Kollegen. Der für den Erfolg derartiger Arbeitskonzepte notwendige Team-Geist wäre nicht im ausreichenden Maß vorherrschend. Gruppenarbeitsformen würden hier nur schwerlich einen erfolgreichen Zugang finden können. Auch die Bewertung der Leistung als Arbeitsgruppe würde dagegen sprechen.

Aus der Maskulinität als Kulturdimension sind keine prägnanten Auswirkungen auf die Unternehmenskultur ersichtlich. Es könnte lediglich angemerkt werden, dass auch hier eine Unternehmenskultur dann motivationsfördernd wirken wird, wenn sie sich in das

---

[323] Blom 2002, S.226
[324] Vgl. Hofstede 1992, S. 139
[325] Vgl. Abschnitt 3.5 Gruppenarbeit

Unternehmensganze einordnen lässt, d.h. auch Managementinstrumente umfasst oder eine Philosophie verfolgt, die eben maskulin bzw. feminin ist.

4.2.4 Unsicherheitsvermeidung

Bei den dargestellten Führungsstilen erweist sich unter Beachtung der Wesensmerkmale von Kulturen mit starkem Bedürfnis nach Unsicherheitsvermeidung die bürokratische Führung als am förderlichsten. Dies lässt sich plausibel begründen: Das Vorhandensein abstrakter Regeln und Vorschriften, die den Arbeitsablauf bestimmen und die eindeutig festgelegten Rechte und Pflichten des Mitarbeiters werden von ihm gern aufgenommen. Die Motivation wird sich aus dem Gefühl der Sicherheit ergeben. Aus dieser Argumentation kann gefolgert werden, dass ein Führungsstil, der dem Mitarbeiter einen zu großen Freiraum einräumt, möglicherweise auf ein Gefühl der Unsicherheit stoßen wird. Die partizipative, kooperative oder die (hier nicht behandelte) laissez faire–Führung würde demzufolge eher in Ländern mit einem geringem UVI eine positive Wirkung entfalten.

Eine ähnliche Argumentation könnte auch hinsichtlich der Gruppenarbeit geführt werden, denn sowohl in teilautonomen Gruppen als auch in Qualitätszirkeln und Projektgruppen steckt ein enormes Eigenverantwortungs- und Selbstregulierungspotenzial. Der durch die Gruppenarbeit geschaffene Freiraum würde vielmehr in Ländern mit geringem UVI als in Ländern mit starkem UVI förderlich wirken. Dem wird entgegengestellt, dass in Kulturen, bei denen der Bedarf an Unsicherheitsvermeidung hoch ist, die Gruppenarbeit einen hohen Anreiz darstelle. Bei geringem Unsicherheitsvermeidungsbedarf würden hingegen die individuellen Gestaltungsmöglichkeiten motivierender wirken.[326]

In Bezug auf die Vergütung kann festgehalten werden, dass ein fixer Lohn in Unsicherheit vermeiden wollenden Ländern eine größere Rolle einnehmen wird als die variable Komponente. Klar strukturierte Vergütungsmodalitäten, die eine Einschätzung und Vorhersagbarkeit erlauben, werden vorherrschen.[327] Beispielsweise verweist Gomez darauf, dass kollektivistische japanische Mitarbeiter im Voraus einschätzen möchten,

---

[326] Vgl. Blom 2002, S.226
[327] Vgl. Gomez 1991, S. 35f

wie die Bezahlung für ihn in bspw. zehn Jahren betragen wird.[328] Vergütungen in Ländern mit geringem UVI bedürfen dieser Beachtung nicht und können daher auf der Basis der Risikoteilung beruhen. Aus diesen Argumenten kann gefolgert werden, dass hier insbesondere der Prämienlohn nicht attraktiv sein wird. Für Mitarbeiterbeteiligungsmodelle kann dagegen in gewissen Maßen eine positive Wirkung entnommen werden.

Auch Zielvereinbarungen setzen das Eingehen eines gewissen Risikos voraus. Möglicherweise lassen sich Zielvereinbarungen als Instrument - bedingt durch diese Komponente - eher in Ländern mit geringem Bedarf an Unsicherheitsvermeidung anwenden. Zielvereinbarungen setzen ein kulturelles Umfeld voraus, in dem Verhandlungen Angelegenheiten lösen, anstelle Regeln. Hieraus resultiert, dass für den motivationalen Effekt von Zielvereinbarungen eine geringe oder höchstens mittlere Machtdistanz und eine nicht zu große Unsicherheitsvermeidungswert vorausgesetzt wird

Die Tendenz, Unsicherheit zu vermeiden indiziert auch, dass Gruppenmitglieder geneigt sind, die Gelegenheit, risikoreiche Entscheidungen zu treffen, zu vermeiden.[329] Auf Grund der Ungewissheit, welche Leistung für die eigene Person wohl die beste sein wird, kann ein Cafeteria-System auf Abneigung stoßen.

Im Anbetracht der Unternehmenskultur kann wie folgt argumentiert werden: Das Vertrauen in klare Prozeduren, einsichtige Regeln und bekannte, festgesetzte Strategien reduziert bei Mitarbeitern die Unsicherheit. Auch hier kann auf die Studie von Denison und Mishra (1995) verwiesen werden, die unter anderem eine positive Relation von Konsistenz der Unternehmenskultur sowie von der Verfolgung einer Mission im Rahmen der Unternehmenskultur mit der Mitarbeiterleistung nachweisen konnten.[330] Beide Komponenten dienen gewissermaßen der Vorhersehbarkeit und der Richtungsweisung und wirken unsicherheitsvermeidend. Hieraus resultiert, dass eine starke Unternehmenskultur in einem Unsicherheit vermeiden wollendem Land tendenziell motivierend wirkt.

---

[328] Vgl. Gomez 1991, S. 37
[329] Vgl. Gomez 1991, S. 36
[330] Vgl. Denison/Mishra 1995, S. 219, 220

5 Schlussbetrachtung

5.1 Fazit

Die Analyse der unterschiedlichen Motivationsinstrumente im Kontext der vier **Kulturdimensionen** ergibt zusammengefasst folgendes Bild: die meisten Studien konnten zur Dimension des Individualismus/ Kollektivismus aufgefunden werden. Folglich erlaubt diese Dimension die meisten empirischen Aussagen zur potenziellen Effektivität der Instrumente in einem solchen Kontext. Der Individualismus wird durch diesen Tatbestand nicht nur als prägnante Kulturdimension bestätigt, er verweist zugleich auf das Ausmaß der Beeinflussung, der von ihm auf die Instrumente ausgeht. Wie der Bearbeitung zu entnehmen ist, wird diese Dimension in ihrer Bedeutung unmittelbar gefolgt von Machtdistanz. Für die Unsicherheitsvermeidung lagen sowohl als Unterscheidungskriterium von Kulturen als auch als Kontext für die Wirkungsweise der Instrumente die wenigsten Forschungen vor. Hieraus könnte gefolgert werden, dass diese Kulturdimension nicht prägnant und aussagekräftig genug sei als dass man sie hätte für eine derartige Untersuchung zu Grunde legen können. Jedoch darf man auch nicht den Glauben verfallen, dass eine potenzielle Beeinflussung durch die Kultur nur in den von Hofstede definierten Dimensionen liege, da diese lediglich als Rahmenbedingung dienen und die systematische Bewertung erleichtern sollte. Ein Managementinstrument kann auch dann in einem bestimmten kulturellen Kontext effektiv oder nichteffektiv sein – ohne dass man es explizit mit diesen vier Dimensionen begründen könnte.

Die Analyse ergab, dass sich auf **instrumenteller Perspektive** die meisten Aussagen über den ´effektivsten **Führungsstil** in unterschiedlichen Kulturen´ treffen lassen, was zweifellos darauf zurückzuführen ist, dass Führungsstile auf Grund der Relevanz für die Managementpraxis am meisten von der Forschung beachtet wurden. Auf die starke Kulturgebundenheit verweist der Befund, dass ein demokratischer Führungsstil in einem kulturellen Kontext motivierender wirkt, der einen sehr geringen Machtdistanzwert aufweist und indiviualistisch ist. Eine gewisse Feminität und ein geringer UV-Wert werden die Effektivität bestärken. Ein autoritärer und patriarchalischer Führungsstil entfaltet hingegen in einer Kultur eine positive Wirkung, die einen hohen MDI-Wert aufweist, da damit sowohl ein stark ausgeprägtes Autoritätsdenken als auch eine solche

Erwartungshaltung seitens der Mitarbeiter einhergeht. Förderlich wirken ferner eine hohe Maskulinität und ein hoher Bedarf an Unsicherheitsvermeidung.

Weiterhin ist der Untersuchung zu entnehmen, dass die Eignung oder Nicht-Eignung eines Motivationsinstruments (neben einigen Ausnahmen) oft auch nur an bestimmte Schlüsselfaktoren innerhalb der Dimensionen, wie bspw. die Partizipation, das Autoritätsdenken, die Leistungsorientierung und die Individualität gebunden werden kann. Soweit eine dieser Schlüsselfaktoren nicht im Wesen eines Motivationsinstruments vorhanden ist, können auch keine expliziten Aussagen über seine Wirkung im interkulturellen Kontext getroffen werden.

Auf der instrumentalen Ebene liefert das **Cafeteria- System** ein Beispiel dafür. Aus der oben genannten Begründung erlaubte dieses Instrument nur schwache Aussagen über seine mögliche Kulturgebundenheit. Es konnten also nur dann schlüssige Aussagen getroffen werden, wenn das zu überprüfende Management- bzw. Motivationsinstrument auch grundlegende kulturelle Werte und Einstellungen verkörpert. Obwohl herausgearbeitet wurde, dass vor allem der Indiviualismus und ein geringer UV-Wert als Dimension die positive Wirkung von Cafeteria- Systemen bestärken werden, muss darauf hingewiesen werden, dass die Effektivität dennoch stark von anderen Faktoren abhängen wird. Die Vergütungsmodalität wird bspw. von den technischen Möglichkeiten oder etwa den versicherungstechnischen Gegebenheiten und dem Budget abhängen.

Ähnlich verhält es sich auch mit **Mitarbeiterbeteiligungen.** Die Effektivität oder Ineffektivität lässt sich zwar in einigen Dimensionen, wie beim Individualismus, anhand bestimmter Komponenten von Beteiligungen plausibel erklären, doch mangelt es dennoch auch hier an der empirischen Bestätigung. Ohne eine potenzielle kulturelle Prägung ganz verleugnen zu wollen, muss darauf hingewiesen werden, dass auch sie wohl zumindest gleich stark von außer-kulturellen Faktoren abhängt, wie der Unternehmensgröße, den gesellschaftlichen und steuerrechtlichen Gegebenheiten und dem Entwicklungsgrad von Beteiligungsmodellen in einem Land.

Bei einem **Leistungslohn** war wiederum die kulturelle Bindung unverkennbar. Dem Wesen des Leistungslohns wirkt insbesondere eine maskuline Denkweise positiv entgegen, die zugleich den Individualismus betont. Ein geringer UV-Wert wird ebenfalls förderlich wirken. In einem stark kollektivistischen und femininen Umfeld ist dagegen zu erwarten, dass von ihm nur beschränkt eine motivationale Wirkung ausgehen wird.

Durch die unmittelbare förderliche Wirkung eines stark ausgeprägten Individualismus auf das Instrument der **Zielvereinbarungen** kann auch diesem die kulturelle Gebundenheit entnommen werden. Begünstigt wird deren Effektivität besonders auch von einem geringen MD- und einem geringen UV-Wert.

Auch in Hinblick auf die **Gruppenarbeit** machte die Analyse kulturell bedingte Unterschiede in der Attraktivität deutlich. Die Gruppenarbeit wirkt förderlicher in einem Umfeld mit geringem MDI und femininer Orientierung. Tendenziell wirkt ein gewisser Grad an Kollektivismus ebenfalls positiv. In diesem Zusammenhang muss erwähnt werden, dass diesen Überlegungen stets eine generelle Betrachtungsweise zu Grunde gelegt wird. So kann, abhängig von der inidividuellen Einstellung einer Person, auch in einer kollektivistischen Kultur ein Leistungslohn für ihn höchst motivierend wirken.

Die **Unternehmenskultur** wurde bereits definiert als die Summe von Wertvorstellungen, Denkweisen und Normen, die Mitarbeiter leiten und das äußere und innere Erscheinungsbild des Unternehmens prägen. So ist bereits der Zusammenhang zwischen Unternehmenskultur und der nationalen Kultur evident, wenn von Wertvorstellungen und Denkweisen die Rede ist.[331] Obwohl sich die Unternehmenskultur als `weiches´ Managementinstrument nur schwer systematisieren ließ, stellte die Analyse einige Argumente für die Kulturgebundenheit heraus. Auf der andern Seite liegt es dem Konzept der Unternehmenskultur allerdings zugrunde, dass Individuen als tabula rasa, unbeschriebene Blätter, in eine Organisation eintreten und das Management eine Unternehmenskultur schaffen und diese nach Belieben manipulieren kann. Alternativ schlägt Adler et al. den „*dual freewill- deterministic modell*"[332] vor, der besagt: „*That culture is necessarily based on both the culture(s) of the organization members and the overarching goals and directions of organization management.*"[333] Folglich kann für die Unternehmenskultur festgehalten werden, dass sie sowohl deterministische als auch freewill- Determinanten enthält.

---

[331] Vgl. Argumentation von Zempelin 1990, S. 151
[332] Adler 1986, S.87
[333] Adler 1986, S. 86

5.2 Ausblick

Aus dem Versuch, im Rahmen unterschiedlicher kultureller Ausprägungen die Motivationsinstrumente auf ihre Kulturgebundenheit hin zu analysieren, ergab sich, dass viele Argumente – gestützt durch empirische Befunde – auf eine kulturelle Bindung hinweisen. Die in dieser Arbeit behandelten Instrumente werden nicht universal, in unterschiedlichen Kulturen, eine Motivationswirkung entfalten können. Allerdings wird, wie die Analyse herausgestellt hat, auch die Kultur nicht monokausal über eine potenziell ausgehende Motivationswirkung bestimmen können. Insgesamt kann festgehalten werden, dass eine stärkere kulturelle Bindung bei *den* Instrumenten festzustellen ist, dessen Wesensmerkmale bereits kulturelle Werte und Einstellungen berühren. Andernfalls werden in erster Linie die Faktoren eines Organisationskontextes, wie die Unternehmensgröße, -struktur oder die Technologie ausschlaggebend sein.

Das Treffen einer *allgemeingültigen* Aussage über die Kulturgebundenheit erlaubt allein die Materie schon nicht; zusätzlich wird dies durch gegenläufige Meinungen oder aus Mangel an Befunden erschwert. Außerdem darf die Aussagekraft der existierenden Studien insbesondere dann nicht zu hoch veranschlagt werden, wenn sie auf Zwei-Länder-Vergleiche beschränkt ist oder nur eine geringe Anzahl an Personen bzw. Unternehmen umfasst.

Fragen, die weiter führend behandelt werden könnten - den Rahmen dieser Analyse allerdings sprengten - sind, ob der Individualismus stärker zunehmen und der Machtdistanzwert in den unterschiedlichen Ländern tendenziell geringer ausfallen wird. In diesem Zusammenhang ergibt sich ferner die Fragestellung, ob im Zuge der zunehmenden Globalisierung eine Angleichung der Managementpraktiken, eine Konvergenz, zu beobachten sein wird, oder etwa, ob sich Ähnlichkeiten nur innerhalb der Kultur-Cluster ergeben. Obwohl diese Ausarbeitung tendenziell gegen eine Konvergenz spricht, vertreten viele Forscher die Meinung, dass einige Kräfte, wie die Technologie und die uniforme Ausbildung der Manager, homogenisierend wirke und Konvergenz bekräftige. Letztlich hat die Analyse deutlich gemacht, dass hinsichtlich einer kulturellen Gebundenheit von Arbeits-Motivationsinstrumenten noch ein enormer Forschungsbedarf herrscht.

6 Literaturverzeichnis

Adams, J. S. (1963): Toward an understanding of inequity, in: Journal of Abnormal and Social Psychology, Vol. 67, 1963, Heft-Nr.5, S. 422 – 436

Adler, N. J. / Jelinek, M. (1986): Is "Organization Culture" culture bound?, in: Human Resource Management, Vol. 25, 1986, Heft-Nr.1, S. 73 – 90

Audia, P. G. / Tams, S. (2002): Goal setting, performance appraisal, a feedback across cultures, in: Gannon, M. J. / Newman, K. L. (Hrsg:) (2002): The Blackwell handbook of cross-cultural management, Oxford, S. 142 – 154

Alderfer, C. P. (1972): existence, relatedness and growth. human needs in organizational settings, New York London

Antoni , C. H. (1990): Qualitätszirkel als Modell partizipativer Gruppenarbeit: Analyse der Möglichkeiten und Grenzen aus der Sicht betroffener Mitarbeiter, Bern u.a. (zugl.: Mannheim, Univ., Diss.)

Antoni, C. H. (Hrsg.) (1994): Gruppenarbeit in Unternehmen. Konzepte, Erfahrungen, Perspektiven, Weinheim

Atkinson, J. W. (1975): Einführung in die Motivationsforschung, Stuttgart

Baumgarten, R. (1977): Führungsstile und Führungstechniken, Berlin

Berthel, J. (1995): Personal-Management. Grundzüge für Konzeptionen betrieblicher Personalarbeit, 6., überarb. und erw. Auflage, Stuttgart

Blom, H. (2002): Interkulturelles Management: Interkulturelle Kommunikation, internationales Personalmanagement, Diversity-Ansätze im Unternehmen, Herne Berlin

Böhnisch, W. / Freisler-Traub, A. / Reber, G. (2000): Der Zusammenhang zwischen Zielvereinbarung, Motivation und Entgelt – Eine theoretische Analyse, in: Personal, 52. Jg. 2000, Heft-Nr. 1, S. 38 – 42

Böhrs, H. (1980): Leistungslohngestaltung mit Arbeitsbewertung, Persönlicher Bewertung, Akkordlohn, Prämienlohn, 3., vollst. überarb. und erw. Auflage, Wiesbaden

Bungard, W. (1991): Qualitätszirkel: ein sozio-technisches Instrument auf dem Prüfstand, Ludwigshafen/Rhein

Campbell, J. P. / Dunette, M. D. / Lawler, E. E. (1970): Managerial behavior, performance and effectiveness, New York u.a.

Chew, I. K. H. / Putti, J. (1995): Relationship on work-related values of Singaporean and Japanese managers in Singapore, in: Human Resources, Vol. 48, 1995, Heft-Nr. 10, S. 1149 - 1170

Comelli, G. / Rosenstiel, L. v. (Hrsg.) (1995): Führung durch Motivation. Mitarbeiter für Organisationsziele gewinnen, 3., erw. und überarb. Auflage, München

Danne, G. (1996): Die Rolle der Mentalität und arbeitsbezogene Wertstrukturen in Transformationsgesellschaften, Hamburg

Denison, D. R. / Mishra, A. K. (1995): Toward a theory of organizational culture and effectiveness, in: Organization Science, Vol. 6, 1995, Heft-Nr.2 March-April, S. 204 - 224

Deibl, M. (1991): Motivation als Führungsaufgabe, Wien

Dill, P. (1987): Unternehmenskultur. Grundlagen und Anknüpfungspunkte für ein Kulturmanagement, Bonn (zugl.: München, Univ., Diss., 1986)

Dycke, A. / Schulte, C. (1986): Cafeteria-Systeme. Ziele, Gestaltungsformen, Beispiele und Aspekte der Implementierung, in: Die Betriebswirtschaft, 46. Jg. 1986, Heft-Nr. 5. S. 577 - 589

Erez, M. (1986): The congruence of goal-setting strategies with socio-cultural values and its effect on performance, in : Journal of Management, Vol. 12, 1986, Heft-Nr. 4, S. 585 – 592

Erez, M. / Earley, P. C. (1987): Comparative analysis of goal-setting strategies across cultures, in: Journal of Applied Psychology, Vol. 72, 1987, Heft-Nr. 4, S. 658 - 665

Esser, K. / Faltlhauser, K. (1974): Beteiligungsmodelle, München

Fakesch, B. (1991): Führung durch Mitarbeiterbeteiligung. Ein Konzept zur Steigerung der Mitarbeitermotivation, München

Faltlhauser, K. (1977): Systematik und Grundprobleme materieller betrieblicher Mitarbeiter- Beteiligung, in: Schneider, H. J. (Hrsg.) (1977): Handbuch der Mitarbeiter-kapitalbeteiligung, Köln, S. 71 – 88.

FitzRoy, F. R. / Kraft, K. (Hrsg.) (1987): Mitarbeiterbeteiligung und Mitbestimmung im Unternehmen, Berlin

Frey, S. B. / Osterloh, M. (2000): Pay for performance- immer empfehlenswert?, in: Zeitschrift für Führung und Organisation, 69. Jg. 2000, Heft-Nr. 2, S.64 – 69

Galberg, C. (2000): Leistungssteigerung von Mitarbeitern durch Zielvorgaben, in: Zfo, 69. Jg. 2000, Heft-Nr. 2, S. 97 - 101

Gelfand, M. J. et al. (2004): Individualism and Collectivism, in: House, R. J. (Hrsg.): Culture, leadership, and organizations: The GLOBE study of 62 societies, Thousand Oaks London New Delhi, S. 437 – 512

Gomez-Mejia, L. R. / Welbourne T. (1991): Compensation strategies in a global context, in: Human Resource Planning, Vol. 14, 1991, Heft-Nr.1, S. 29 – 41

Guski, H.-G. / Schneider, H. J. (1977a): Betriebliche Vermögensbeteiligung in der Bundesrepublik Deutschland. Eine Bestandsaufnahme, Teil I, Köln

Guski, H.-G. / Schneider, H. J. (1977b): Betriebliche Vermögensbeteiligung in der Bundesrepublik Deutschland. Ergebnisse; Erfahrungen und Auswirkungen in der Praxis, Teil II, Köln

Guski, H.-G. (1977c): Die Belegschaftsaktie, in: Schneider, H. J. (Hrsg.) (1977), Handbuch der Mitarbeiterkapitalbeteiligung, Köln, S. 144 – 158

Hellriegel, D. / Slocum, J. W. / Woodman, R. W. (1986): Organizational behavior, 4. Auflage, St. Paul u.a.

Hentze, J./ Brose, P. (1990): Personalführungslehre. Grundlagen, Führungsstile, Funktionen und Theorien der Führung, 2., überarb. Auflage, Stuttgart

Herzberg, F. / Mausner, B. / Snydermann, B. B. (1959): The motivation to work, 2. Auflage, New York u.a.

Herzberg, F. (2003): Was Mitarbeiter in Schwung bringt, in: Havard business manager, 2003, Heft-Nr. 4, S. 50 - 62

Hofstede, G. (1992): Die Bedeutung von Kultur und ihren Dimensionen im Internationalen Management, in: Haller, M. / Bleicher, K. (Hrsg.) u.a. (1992): Globalisierung der Wirtschaft – Einwirkungen auf die Betriebswirtschaftslehre, St. Gallen, S.127 – 148

Hofstede, G. (1993): Interkulturelle Zusammenarbeit. Kulturen – Organisationen – Management, Wiesbaden

Hofstede, G. (2001): Lokales Denken, globales Handeln. Interkulturelle Zusammenarbeit und globales Management, 2., durchges. Auflage, München

Hollinshead G. / Leat, M. (1995): Human resource management: an international and comparative perspective on the employment relationship, London

Holtbrügge, D. (2004): Personalmanagement, Berlin Heidelberg

Hoppe, M. H. (1992): Dissertation abstracts: A comparative study of country elites, in: Journal of International Business Studies, Vol. 23, 1992 3rd, Heft-Nr.3, S. 590 - 591

Jackson, T. H. (2002): International HRM: a cross cultural approach, London

Jaeger, A. M. (1986): Organization development and national culture: Where´s the fit?, in: Academy of Management Review, 1986, Vol. 11, Heft-Nr. 1, S. 178 - 190

Jago, A. / Reber, G. u.a. (1995): Interkulturelle Unterschiede im Führungsverhalten, In: Handwörterbuch der Führung, Sp. 1226-1238

Juntermann, A. (1991): Mitarbeiterbeteiligung von A – Z: Begriffe, Beispiele, Stichwörter, Berlin

Kaschube, J. / von Rosenstiel, L. (2000): Motivation von Führungskräften durch leistungsorientierte Bezahlung, in: Zfo, 69. Jg. 2000, Heft-Nr. 2, S. 70 – 76

von Keller, E. (1982): Management in fremden Kulturen. Ziele, Ergebnisse und methodische Probleme der kulturvergleichenden Managementforschung, Bern Stuttgart

von Keller, E. (1995): Kulturabhängigkeit der Führung, in: Kieser, A. / Reber, G. Wunderer, R. (Hrsg.) (1995): HWFü, 2. Auflage, Stuttgart, Sp.1397-1405

Knebel, H. (2005): Variable Vergütung gekoppelt an Zielvereinbarungen, In: Zander, E. / Wagner, D. (Hrsg.) (2005): Handbuch Entgeltmanagement, München, S.95 – 113

Kobi, J.-M. / Wüthrich, H. A. (1986): Unternehmenskultur verstehen, erfassen und gestalten, Landsberg/Lech

Kumar, B. N. (1991): Kulturabhängigkeit von Anreizsystemen, in: Schanz, G. (Hrsg.) (1991): Handbuch Anreizsysteme in Wirtschaft und Verwaltung, Stuttgart, S. 127 – 148

Latham, G. P. / Locke, E. A. (1995): Zielsetzung als Führungsaufgabe, in: Kieser, A. / Reber, G. Wunderer, R. (Hrsg.) (1995): HWFü, 2. Auflage, Stuttgart, Sp. 2222 – 2234

Lattmann, C. (1982): Die verhaltenswissenschaftlichen Grundlagen der Führung des Mitarbeiters, Bern Stuttgart

Lawler, E. E. (1977): Motivierung in Organisationen – Ein Leitfaden für Studenten und Praktiker, Belmont California

Locke, E. A./ Latham, G. P. (1990): A theory of goal setting & task performance, London

Maier, K. (1977): Leistungs- und Ertragsbeteiligung als nicht gewinnabhängige Beteiligungsverfahren, in: Schneider, H. J. (Hrsg.) (1977): Handbuch der Mitarbeiterkapitalbeteiligung, Köln, S.109 – 122

Maslow, A. H. (1977): Motivation und Persönlichkeit, Olten u.a.

Mez, B. (1991): Effizienz der Mitarbeiter-Kapitalbeteiligung. Eine empirische Untersuchung aus verhaltenstheoretischer Sicht, Wiesbaden

Morris, T. / Pavett, C. M. (1992): Management style and productivity in two cultures, in: Journal of International Business Studies, Vol. 23, 1992 1st Quarter, Heft-Nr. 1, S. 169 – 179

van Muijen, J. J. / Koopman, P. L. (1994): The influence of national culture on organizational culture: A comparative Study between 10 countries, in: European work and organizational Psychologist, Vol. 4, Heft-Nr. 4, 1994, S. 367 – 380

Nagel, K. / Schlegtendal, G. (1998): Flexible Entgeltsysteme: fair entlohnen – besser motivieren, Landsberg / Lech

Neuberger, O. (1974): Theorien der Arbeitszufriedenheit, Sozioökonomie Bd.7, Stuttgart u.a.

Newman, K. L. / Nollen, S. D. (1996): Culture and congruence: The fit between management practices and national culture, in: Journal of international Business Studies, Vol. 27, 1996, Heft-Nr. 4, S. 753 - 779

Ramamoorthy, N. / Caroll, S. J. (1998): Individualism/Collectivism Orientations and Reactions Toward Alternative Human Resource Management Practices, in: Human Relations,Vol. 51, 1998, Heft-Nr. 5, S. 571-588

von Rosenstiel, L. (1975): Die motivationalen Grundlagen des Verhaltens in Organisationen. Leistung und Zufriedenheit, Berlin

von Rosenstiel, L. (2003): Motivation managen. Psychologisch Erkenntnisse ganz praxisnah Weinheim Basel Berlin

Sackmann, S. (2002): Unternehmenskultur: Erkennen – Entwickeln – Verändern; mit Checklisten, Fragebogen und Fallstudien, Neuwied Kriftel

Scarborough, J. (1988): The origins of cultural differences and their impact on management,

Schanz, G. (1991): Motivationale Grundlagen der Gestaltung von Anreizsystemen, in: Schanz, G. (Hrsg.) (1991): Handbuch Anreizsysteme in Wirtschaft und Verwaltung, Stuttgart, S.3 – 30

Schanz, G. (1985): Mitarbeiterbeteiligung. Grundlagen – Befunde - Modelle, München

Schein, E. H. (1995): Unternehmenskultur. Ein Handbuch für Führungskräfte, Frankfurt am Main

Schlüter, M. (1978): Betriebliche Zielvereinbarungen, Göttingen

Schmitt-Siegel, H. M. (1990): Corporate Design. Erst Identifikation schafft Motivation, in: Bachinger, R. (Hrsg.) (1990): Unternehmenskultur: ein Weg zum Markterfolg, Frankfurt/Main, S.60 – 71

Schneider, S. C. (1990): Nationale Kultur versus Unternehmenskultur: Implikationen für das Management, in: Simon, H. (Hrsg.) (1990): Herausforderung Unternehmenskultur, Stuttgart, S.173 - 188

Scholz, C. (2000): Personalmanagement. Informationsorientierte und verhaltenstheoretische Grundlagen. 5., neubearb. und erw. Auflage, München

Schreyögg, G. (1978): Führungsstile, in: Franz, O. (Hrsg.): RKW-Handbuch. Führungstechnik und Organisation, 1.Bd., Berlin

Schreyögg, G. (1992): Unternehmenskultur zwischen Globalisierung und Regionalisierung, in: Haller, M. / Bleicher, K. (Hrsg.) u.a. (1992): Globalisierung der Wirtschaft – Einwirkungen auf die Betriebswirtschaftslehre, St. Gallen, S. 149 – 170

Schwertner, K. (2002): Leistungsorientierte Vergütung für tarifvertraglich Beschäftigte, Aachen

Sondergaard, M. (1994): Research Note: Hodstede's Consequences: A study of reviews, citiations and replications, in: Organization Studies, Vol. 15, 1994, Heft-Nr. 3, S. 447 - 456

Steers, R. M. / Sanchez-Runde, C. J. (2002):Culture, motivation, and work behavior, in: Gannon, M. J. / Newman, K. L. (Hrsg:) (2002): The Blackwell handbook of cross-cultural management, Oxford, S. 190 - 216

Strack, H.-C. (1984): Die Beteiligung von Mitarbeitern am Gewinn und Kapital: eine verhaltenstheoretische Analyse unter besonderer Berücksichtigung mittelständischer Betriebe, Frankfurt/ Main (zugl.: Göttingen, Univ., Diss.)

Staehle, W. J. (1999): Eine verhaltenswissenschaftliche Perspektive, 8. Auflage, München

Sundermeier, B. (1992): Mitarbeiterbeteiligung: Eine transaktionskostenökonomische Analyse, München

Thomas, A. (1996): Aspekte interkulturellen Führungsverhalten, in: Bergemann, N. / Sourisseaux, A. L. J. (Hrsg.) (1996): Interkulturelles Management, 2., überarb. Auflage, Heidelberg, S. 35 - 58

Triandis, H. C. (2002): Generic Individualism and Collectivism, in : Gannon, M. J. / Newman, K. L. (2002): The Blackwell handbook of cross-cultural management, Oxford, S.16 – 45

Trompenaars, F. / Wooliams P. (2004): Business weltweit: Der Weg zum interkulturellen Management, 1. Auflage, Hamburg

Trompenaars, F. (1993): Handbuch globales Managen. Wie man kulturelle Unterschiede im Geschäftsleben versteht, Düsseldorf u.a.

Uhl, A. (2000): Motivation durch Ziele und Führung, Berlin (zugl.: Hohenheim, Univ., Diss., 1998)

Vroom, V. H. (1982): Work and motivation, Florida

Wagner, D. (1991): Anreizpotentiale und Gestaltungsmöglichkeiten von Cafeteria-Modellen, in: Schanz, G. (Hrsg.) (1991): Handbuch Anreizsysteme in Wirtschaft und Verwaltung, Stuttgart, S. 91 – 109

Wagner, D. (2005): Cafeteria- Systeme – Grundsätzliche Gestaltungsmöglichkeiten, in: Zander, E., Wagner, D.(Hrsg) (2005): Handbuch Entgeltmanagement, München, S. 139-152

Wahren, H-K. E. (1994): Gruppen- und Teamarbeit in Unternehmen, Berlin / New York 1994.

Weinert, A. B. (1987): Lehrbuch der Organisationspsychologie – Menschliches Verhalten in Organisationen, 2., erw. Auflage, München / Weinheim

Wiedemann, H. (1996): Mitarbeiter richtig führen, 4.Auflage, Ludwigshafen/ Rhein

Wienges, S. (2003): Westlicher Individualismus versus asiatische Werte, Berlin

Wunderer, R./ Grunwald, W. (Hrsg.) (1980): Führungslehre, Grundlagen der Führung, Bd.I, Berlin / New York

Wunderer, R. (1995): Kooperative Führung, in: Kieser, A. / Reber, G. Wunderer, R. (Hrsg.) (1995): HWFü, 2. Auflage, Stuttgart, Sp. 1369-1386

Yeh, R.-S. (1988): Values of American Japanese and Taiwanese Managers in Taiwan: A Test of Hofstede's Framework, in: Academy of Management Proceedings, 1988 (k. weitr. Ang.), S.106-110

Zempelin, H. G. (1990): Gibt es eine multinationale Unternehmenskultur? – Erfahrungen bei Akzo / Enka, in: Simon, H. (Hrsg.) (1990): Herausforderung Unternehmenskultur, Stuttgart, S. 151 - 163

Zink, K. J. (1975): Differenzierung der Theorie der Arbeitsmotivation von F. Herzberg zur Gestaltung sozio-technologischer Systeme, Frankfurt/Main Zürich

Printed in Germany by
Amazon Distribution
GmbH, Leipzig